Armin Nassehi
Editorial

Wo es mehrere Alternativen gibt, wird optimiert, denn es gibt stets eine bessere und eine schlechtere Möglichkeit. Insofern ist das Optimieren geradezu unvermeidlich. Alles, was geschieht, geschieht im Horizont anderer Möglichkeiten. Das gilt für die gesamte belebte Natur ebenso wie für die kulturelle Entfaltung von Möglichkeiten. Dass wir von natürlicher und kultureller Evolution sprechen, ist unmittelbarer Ausdruck dieser je gegenwartsbasierten Problemstellung, dass auch anderes möglich wäre und wir selektiv auf verschiedene Möglichkeiten zugreifen müssen. Dass wir dabei stets die bessere Lösung suchen, gilt als ausgemacht – und dort, wo die Lösung sich als eher nicht so gut herausstellt, wird sie im Falle der natürlichen Evolution als bloße Variation verschwinden und nicht weiterverfolgt. Im Falle der kulturellen Evolution und Auswahl von Möglichkeiten wird die zweitbeste Möglichkeit bisweilen nachträglich als die bessere ausgegeben – man hat es ja nicht besser wissen können.

Die Beiträge in diesem *Kursbuch* setzen an diesem Grundgedanken an: dass wir die Wahl haben und dass wir stets vor diese Wahl gestellt sind. In der Kybernetik nennt man Evolutionsprozesse *zustandsdeterminierte* Prozesse – sie können je nur die Möglichkeiten wahrnehmen, die sich ihnen auch stellen, das heißt die Möglichkeiten, für die entsprechende Gelegenheiten und Mittel auffindbar sind. So ist alles, was geschieht, auch als Problemlösung anzusehen, selbst wenn die Lösung das Problem ist – immer aber mit der Überzeugung, das zu tun, was getan werden muss, und damit das Gegenteil zu vermeiden. Insofern zeichnen sich komplexe Systeme stets durch eine merkwürdige Kombination aus innerer Ruhe und Unruhe aus. Sie sind stabil und lassen uns erwarten, was geschieht. Aber sie sind zugleich hinreichend instabil, um sich an sich selbst, an eine Umwelt, an geänderte Rahmenbedingungen, an Erwartungen, auch an Zufälle anzupassen. Anpassung und Abweichung, Stillstand und Fortschritt, Wirklichkeit und Möglichkeit sind stets aufeinander bezogen – und Zustände sind jenes Optimum, das sich aus je konkreten Gegenwarten ergibt.

Optimierung ist Selbstanpassung – oder wie Birger Priddat es in seinem Beitrag ausdrückt:»Wir müssen die Rationalität neu definieren:›Wähle die beste Möglichkeit‹ bezieht sich dann nicht auf das, was extern angeboten wird, sondern auch auf sich selbst:›Wähle dich als deine Möglichkeit.‹« Damit spricht Priddat an, worum es uns in diesem *Kursbuch* geht. Nicht ums Optimieren, sondern ums Besseroptimieren. Das ist doppeldeutig – doppeldeutig deshalb, weil sich letztlich alles als Optimierungsstrategie ansehen lässt, nun aber das Optimieren selbst zum Thema wird. Noch einmal am Beispiel des Beitrags von Priddat: Der Kapitalismus hat einerseits die Güterproduktion und -distribution radikal optimiert, er hat überdies jene Identitäten hervorgebracht, nach denen sich Individuen selbst und den Markt optimieren – aber zugleich hat diese Art Optimierung jene Versprechungen nicht eingehalten, mit denen sie die Motive erst befeuert hat, die den Kapitalismus optimiert haben: dass die Menschen erfüllter und glücklicher werden.

Es gehört vielleicht paradoxerweise zu den Optimierungsgewinnen unserer Zeit, dass wir danach fragen, ob Optimierungen stets optimal sind – irgendwie kann man es sprachlich gar nicht korrekt ausdrücken. Jedenfalls werden Optimierungsfolgen und ihre Voraussetzungen reflexiv. Wenn wir also»Besser optimieren« als Titel wählen, spotten wir nicht übers Optimieren, wie Ingo Rechenberg vermutet hat, als wir ihn um einen Beitrag gebeten haben. Gerade sein aus der Perspektive eines Ingenieurs und Bionikers geschriebener Beitrag zeigt sehr eindrucksvoll, dass Optimierungen stets nur dann gelingen, wenn eine angemessene Selbst- und Fremdanpassung gegeben ist.»Optimale Eigenschaftskompromisse« seien die Lösung. Seine spannenden Ausführungen, wie sich im Falle von Mehrzieloptimierungen durch Differenzierung und Entkoppelung sowie durch wechselseitige Justierung eine Pareto-Optimierung in einem Punkt erreichen lasse, habe ich geradezu als Parabel auf die moderne Gesellschaft gelesen. Auch sie hat sich durch Differenzierung und Entkoppelung von Funktionen ständig optimiert und effizienter gemacht. Ihre Differenzierungsfolgen bestehen aber vor allem darin, dass die Teile je paradoxe Wirkungen aufeinander haben. Was ökonomisch optimal sein mag, ist es politisch nicht; und was wissenschaftlich geleistet werden kann, löst nicht immer die Probleme ihres Gegenstands. Ein Pareto-Optimum will sich nicht einstellen – vielleicht weil sie ihre Lösungen so gegenwartsbasiert finden muss und keinen Konstrukteur und Ingenieur hat, nicht einmal einen Regisseur, aber dafür viele Zuschauer und Kritiker.

Rechenbergs Problemstellung der Mehrzieloptimierung findet sich in verschiedenen Problemstellungen unserer Beiträge. In dem Interview, das wir mit dem Geiger, Dirigenten und Produzenten Christian Gansch führen durften, wird deutlich, wie sich der perfekte Klang nur durch ebensolche»optimale Eigenschaftskompromisse« erzeugen lässt. Jörn Müller-Quade versucht mithilfe der Kryptografie, den optimalen Kompromiss zwischen steigender Datentransparenz und persönlichem Datenschutz zu finden. Anders gesagt: Wie kann man Datenströme in der offenen Netzwelt überhaupt noch geheim halten? Die Soziologin Irmhild Saake macht darauf aufmerksam, dass die Optimierung des Sterbens praktisch eine Optimierung der Kommunikationsbedingungen derjenigen ist, die (noch) nicht sterben. Wir schauen dem Sterbenden länger zu, zögern sein Sterben gewissermaßen hinaus, um uns unseres Nicht-Todes und Überlebens zu vergewissern. Wie ambivalent Optimierung in der körperlichen Perfektionierung hinsichtlich von Schönheit, Gesundheit und Effizienz ist, zeigt die Ärztin, Psychologin und Kulturwissenschaftlerin Lydia Rea Hartl: von der Wohlfühlchirurgie bis hin zur digitalen Haut der Cyborgs. Der kenianische Ökonom James Shikwati wiederum macht darauf aufmerksam, dass in der Entwicklungshilfe die optimierenden Wirkungen eher die Optimierer optimieren als die Optimierten. Besonders sein Hinweis auf die ganz unterschiedliche Grundhaltung im Westen und in China, Afrika zu optimieren, ist neu. Niels Pfläging beschäftigt sich seinerseits mit den Optimierungsstrategien im westlichen Management und dessen ewiger Effizienzsemantik, mit der sich Unternehmen bis heute kaputtoptimieren. Und nicht zuletzt erörtert Sabine Maasen, warum Selbstmanagement als Selbstoptimierung das Perfektionsmantra moderner Menschen geworden ist.

Aber lesen Sie lieber selbst – jedenfalls verfolgen wir mit dieser Kombination aus volkswirtschaftlichen, ingenieurwissenschaftlichen, mathematischen, bionischen, soziologischen und ästhetischen Perspektiven das konsequent weiter, was wir in *Kursbuch 170* angekündigt hatten: die Perspektivendifferenz der modernen Gesellschaft wirklich ernst zu nehmen und sie gelassen – wohlgemerkt: gelassen, nicht indifferent – aufeinander zu beziehen.

Ganz eigene Perspektiven stehen auch in *Kursbuch 171* wieder der Kunst und der Literatur zur Verfügung: zum einen die von Thorsten Baensch in eine optimale Form gebrachten Cola-Dosen und ihre Kommentierung durch Peter Felixberger. Dessen Interview mit einer solchen Cola-Dose, geführt im April 2012 in Brüssel, gehört zu den am besten optimierten Interviews des Jahres. Auf die Spitze treibt es dann, zum anderen, Gert Heidenreich, in dessen Erzählung »Der Beste« eine Inversion von Kafkas *Verwandlung* geschieht – eine dialektische Geschichte von optimierter Fehloptimierung.

Dies ist das zweite *Kursbuch* nach seiner Wiederbelebung im Murmann Verlag. Dass das *Kursbuch* wieder da ist, hat zu vielfältigen öffentlichen und persönlichen Reaktionen geführt. Die Reaktionen sind selbstverständlich unterschiedlich ausgefallen – von geradezu begeisterten Einschätzungen bis zu eher verhaltenen und skeptischen Urteilen. Schön die Reaktion der *taz* – auf eine ausführliche, freundliche und sympathisierende Besprechung folgte einen Tag später eine kurze Notiz, die Redaktion sei gespalten – so soll es sein.

Jedenfalls können wir nur wiederholen, was Peter Felixberger und ich im ersten Editorial offensiv vertreten haben: Uns kommt es auf die gelassene Debatte an, in der es wirklich um etwas geht und in der die Perspektivendifferenz der modernen Gesellschaft nicht nur zum Ausdruck kommt, sondern sich als solche wahrnimmt. Es kommt uns darauf an, dass sich in den Köpfen und in den gesprochenen und geschriebenen Sätzen etwas ändert, weil die Perspektiven sich als solche wahrnehmen können. Ich hoffe, nicht zu parteiisch zu sein, wenn ich betone, dass dies bereits unserer ersten Ausgabe gelungen ist und dass diese, die Sie nun in Händen halten, auf diesem Weg weitergeht. Fast hätte ich von Optimierung gesprochen, wenn es nicht gerade darum gehen würde. Lesen Sie, halten Sie die Unterschiedlichkeiten und Vorläufigkeiten aus, suchen Sie nach Mustern, praktizieren Sie, was Sie gelernt haben.

Kursbuch 172, das am 10. Oktober 2012 pünktlich zur Frankfurter Buchmesse erscheinen wird, heißt übrigens »Gut leben«.

Zum Schluss noch dies: Ab dieser Ausgabe führen wir die Rubrik »Brief eines Lesers« ein. Wir bitten einen Leser, auf die vorherige Ausgabe Bezug zu nehmen, das Heft oder das Thema zu kommentieren, vielleicht auch einen Ausblick auf das neue Heftthema zu wagen. Für diese Ausgabe haben wir Jens Bisky gebeten, Feuilletonredakteur der *Süddeutschen Zeitung*. Bisky ist nicht nur ein scharfer Beobachter der Kulturszene. Er war auch der schärfste Kritiker des *Kursbuchs 170*. Umso mehr danken wir ihm, dass er diese Rubrik eröffnet.

Noch ein kurzer Hinweis auf unsere Website *kursbuch-online.de*. Hier finden Sie vielfältige Informationen über das *Kursbuch*, Veranstaltungshinweise sowie die Möglichkeit, das *Kursbuch* auch als E-Book oder einzelne Beiträge als E-Single zu erwerben. Außerdem können Sie über diese Website Kontakt mit uns aufnehmen – wir freuen uns auf Ihren Besuch.

München, im Mai 2012
Armin Nassehi

Jens Bisky
Brief eines Lesers (1)

»The global economic crisis of 2008 cost tens of millions of people their savings, their jobs, and their homes.« Mit diesem Satz beginnt der Dokumentarfilm *Inside Job*, für den Charles H. Ferguson im vergangenen Jahr den Oscar erhielt. Der Satz fasst zusammen, was lesende Zeitgenossen heute unter Krise verstehen: eine Erschütterung der westlichen Wirtschafts- und Lebensweise, ein Erdbeben, von dem keiner weiß, ob es schon überstanden ist, von dem die meisten jedoch glauben, dass die Folgen uns noch einige Jahre beschäftigen werden.

Auch das *Kursbuch 170* beginnt – nach längeren Positionsbestimmungen und Selbstvergewisserungen – mit einem Erdbeben, mit dem des Jahres 1755, dem Lissabon und die leibnizsche Theodizee zum Opfer fielen. Das »außerordentliche Weltereignis«, erinnerte Johann Wolfgang Goethe später, habe »die Gemütsruhe des Knaben zum ersten Mal im Tiefsten erschüttert«: »Gott, der Schöpfer und Erhalter Himmels und der Erden, den ihm die Erklärung des ersten Glaubensartikels so weise und gnädig vorstellte, hatte sich, indem er die Gerechten mit den Ungerechten gleichem Verderben preisgab, keineswegs väterlich bewiesen« *(Dichtung und Wahrheit, 1. Buch)*. Dem Erdbeben verdanken wir auch einen ersten, bis heute prominenten Krisenliebhaber der europäischen Literatur: den Philosophen Pangloß, der sich durch keinen Schicksalsschlag von dem herrlichen Gedanken einer »vorherbestimmten Harmonie« abbringen lässt.

Armin Nassehi hat gute Gründe dafür, seine Deutung der Moderne als »ein Kind der Krisenerfahrung« mit dem Allerheiligentag des Jahres 1755 zu beginnen. Leider folgt daraus nicht viel. Und das nicht allein aufgrund der trivialen Tatsache, dass in der Moderne gelernt wurde, zwischen Natur und Geschichte, zwischen einem Tsunami und dem Konkurs einer Bank zu unterscheiden. Die entscheidenden Fragen werden nicht gestellt, sondern im Rückgriff auf die Entstehungszeit aufgeklärten Bewusstseins umgangen. Hier wird geschickt ausgewichen. Wer wollte bestreiten, dass die Moderne letztlich unregierbar sei. Allerdings gehört es ebenso zur Moderne, dass ständig regiert wird. Es mag ja sein, dass neoliberale Paradigmen ebenso lächerlich sind wie »der Glaube an die prinzipielle Lösbarkeit aller Probleme durch Partizipation oder die vollständige Ethisierung von Entscheidungsalgorithmen«. Nassehi gibt bereitwillig zu, dass dies die praktische Wirksamkeit diverser Programme keineswegs behindert. Statt den Paradoxien der regierten Unregierbarkeit, der Bedeutsamkeit von lächerlichen Paradigmen, der praktischen Folgen von Illusionen und Heilsversprechen, der Normalität des Anomalen jedoch weiter nachzugehen, wird der Rückzug in Gelassenheit empfohlen. Aufrufe zur Gelassenheit sind nie falsch. Auch sie haben Tradition, gehören zur Moderne, die nach Odo Marquards kluger Beobachtung das Theodizee-Problem nie losgeworden ist und das Geschäft einer »Entübelung der Übel« munter betreibt.

Für das neue *Kursbuch* hat die programmatische Gelassenheit, so sympathisch sie ist, Folgen, die mir problematisch scheinen. Es verweigert Zeitgenossenschaft. Gegenwärtiges kommt zwar immer wieder vor, wird aber rasch eingeordnet. So wie Pangloß die Vorstellung einer »vorherbestimmten Harmonie« sich nicht nehmen lässt, so das *Kursbuch* nicht die Gemütsruhe. Die Krisen, die Entscheidungssituationen und -zwänge der Gegenwart werden überführt in den gehegten Raum des akademischen Diskurses und dort stillgestellt, statt aus dem akademischen Raum heraus Stimmungen, Lagen, Argumente zu analysieren und an ihnen das herauszuarbeiten, was öffentlich von Interesse ist. Diese Selbstbescheidung, die Scheu vor dem Handgemenge bringt es mit sich, dass jeder in seinem Metier bleibt.

Man mag bestreiten, dass die Krise von 2008 für unsere Weltwahrnehmung ähnliche Folgen hat wie das Erdbeben von Lissabon für die

Aufklärer des 18. Jahrhunderts, wird aber kaum umhinkommen, die ungeheure Bedeutung des Krisennarrativs zuzugeben. Entscheidend, politisch, mental und auch ökonomisch, wird sein, welche Krisenerzählung sich durchsetzt. Geht es wirklich nur um einen weiteren, notwendig vergeblichen Versuch, die Wirtschaft politisch zu zähmen? Oder handelt es sich um ein Kapitel in der langen Auseinandersetzung zwischen kapitalistischen Märkten und demokratischer Politik, wie der Sozialwissenschaftler Wolfgang Streeck in einem fulminanten Aufsatz darlegt[1]. An der Berliner Schaubühne hat Streeck vor Kurzem Recherchen des Magazins *Rolling Stone* und Informationen aus dem Film *Inside Job* zusammengefasst und das Bild einer Verschwörung der »Kapitalversteher« gezeichnet, die dazu übergegangen seien, demokratische Staaten in Inkassoagenturen zu verwandeln. Im Zentrum der Intrigen steht für ihn das Bankhaus Goldman Sachs, das der eifrigen Mithilfe von Politikern, Wirtschaftswissenschaftlern und Journalisten gewiss sein kann, die den Regierten erklären, was die Märkte wollen. Die »geballte Präsenz« von »Goldmännern« in der Politik zwingt dazu, so Streeck, wieder über Verschwörungen und Intrigen zu reden, auch wenn dies akademisch als unfein gelte. Von Clintons Finanzminister Robert Rubin bis hin zum Präsidenten der Europäischen Zentralbank Mario Draghi und dem italienischen Ministerpräsidenten Mario Monti reicht die illustre Reihe derer, die bei oder für Goldman Sachs gearbeitet haben und später bestenfalls mäßig bezahlte öffentliche Ämter übernahmen. Monti verzichtet sogar auf sein Gehalt.

Wolfgang Streecks Krisenerzählung scheint weniger elegant, weniger reflektiert als die Gelassenheit des *Kursbuches*, aber auch Voltaires *Candide* war ja deutlich weniger subtil als der *Essais de Théodicée* des Gottfried Wilhelm Leibniz. Immerhin spricht Streeck von Interessen, Herrschaft, Macht und Konflikten und entwirft ein plausibles Szenario gegenwärtiger Auseinandersetzungen. Man kann ihm widersprechen, man kann andere Deutungen dagegensetzen. Wer lediglich auf Komplexität und Kompliziertheit, auf Krisenhaftigkeit und Unregierbarkeit verweist, bezahlt dies mit einem Verlust an Relevanz.

Das Beharren auf der Gemütsruhe und der Nicht-Adressierbarkeit von Unwillen erzeugt nicht nur eine gewisse Langeweile, es übergeht Fragen, die zu beantworten im Augenblick weder Zeitungen noch Blogs in der Lage sind und die daher in einer Zeitschrift, die entschlossen ist, das lastende Erbe des enzensbergerschen *Kursbuchs* anzutreten, gut aufgehoben wären. Die erste Frage wäre die nach dem Ort der eigenen Gelassenheit, oder wenigstens die nach der erstaunlichen ökonomischen und sozialen Stabilität in Deutschland. Obwohl die Welt, wie seit 2008 unermüdlich versichert wird, die größte Krise nach der »Großen Depression« des Jahres 1929 erlebt, konnte man diese hier beinahe für ein *Spiegel online*-Phänomen halten. Die Auswirkungen, in den USA wie in Spanien oder Griechenland nicht zu übersehen, waren in der Bundesrepublik im Alltag kaum spürbar. Der Ernst der Lage wurde nie bestritten, aber dem Land geht es, wie nicht nur Angela Merkel weiß, gut. Blamiert haben sich alle, die im Herbst 2008 ihren apokalyptischen Impulsen nachgaben und glaubten, jetzt offenbare sich Wahrheit, jetzt sehe man, dass Marx recht gehabt habe oder die Zeit für Revolution gekommen sei. Was aber heißt es, wenn heftige, jahrelange Krisenbeschwörungen – gerne verbunden mit dem Hinweis, dass es so nicht weitergehen könne – auf die Alltagserfahrung von Stabilität und Prosperität treffen? Wächst die Lust, ein rasches Ende herbeiführen zu wollen, oder verliert öffentliche Rede überhaupt an Autorität? Auf jeden Fall mehren sich die Anzeichen für eine neue Sehnsucht nach kollektiven politischen Leidenschaften, man denke nur an die Wutbürger, an Occupy oder die Piraten. Das hätte in einem Heft unter dem Titel »Krisen lieben« Platz finden können und sollen.

Ein erschütterbares Gemüt kann sehr gut mit Bewusstsein für die grundsätzliche Krisenhaftigkeit der Moderne einhergehen. Der Schriftsteller Rainald Goetz hat gezeigt, wie es geht. Er hat seinen Luhmann gelesen und radikale Schlussfolgerungen gezogen: »Es gibt in Luhmanns Welt nichts selbstverständlich Gegebenes«, notiert er in *Abfall für alle*. »ALLES könnte auch ANDERS sein. Jedes letzte kleine Detail lebt von der Möglichkeit her, so unwahrscheinlich zu sein, daß es auch

NICHT sein könnte. Deshalb lese ich in Luhmanns Darstellungen des Bestehenden ein ganz schweres Aufatmen mit, daß die Welt eben NICHT nicht ist, wie es ja viel wahrscheinlicher wäre, sondern eben genau so ist, wie sie ist.« Das ist die Voraussetzung, aus der man keine große Nummer, keinen großen Auftritt machen sollte. Sie hindert nicht daran, die akute Krise aufmerksam zu registrieren, statt sie unter »bekannt« abzubuchen, sich mitreißen zu lassen. In *Loslabern* schreibt Goetz: »Es war der Herbst der stürzenden Kurse an der Börse, (...) die Kernschmelze des globalen Finanzsystems fühlte sich gut an, die Katastrophennachrichten aus der Welt der zusammenbrechenden Banken hatten einen extremen Gegenwärtigkeitsflash, der um jede von ihnen herum im Erstmoment ihres Erscheinens grellstens und eisig kalt leuchtete, man war schon ganz süchtig danach ...« So klingen Krisenliebhaber auf der Höhe der Zeit, sie sind süchtig nach Spuren eines Neuen, auch wenn sie davon keine Erlösung, keine Harmonie erwarten. Entdramatisierung ist unfruchtbar geworden, Gelassenheit spätestens seit 1755 in der Krise.

Anmerkung

1 Streeck, Wolfgang: »Die Krisen des demokratischen Kapitalismus. Inflation, staatliche Defizite, privater Verschuldung, faule Kredite«. In: *Lettre International*, 95, Winter 2011.

Birger P. Priddat
Die Leere der Fülle
Das Ende des Kapitalismus als Religion

In der Aufklärung verschwindet die religiöse Bindung der Gesellschaften, darin auch die alte Ökonomie der Schöpfungsordnung (der – heute fast unbekannten – *oeconomia divina*). In diesem Umbruch bot im 18. Jahrhundert die Politische Ökonomie eine neue Ordnung: den effizienten, sich selbst regulierenden Markt – entweder als Substitut der göttlichen als weltliche Ordnung oder als eine moralische Ökonomie. Die Erfahrungen mit den Krisen aber lösen im Kapitalismus des 19. Jahrhunderts Misstrauen aus: Auch den Gleichgewichtsmythos des Marktes muss man glauben. Die neue Religion wird als Glaube an den Markt gehandelt. »Das Fortschrittsaxiom selbst ist für den modernen Menschen Teil seines *Status quo* geworden. Es ersetzt ihm das herkömmliche Gottvertrauen.«[1] Der neue Glaube heißt Systemvertrauen.

Der Gott, der bei Adam Smith seine »invisible hand« ins Spiel bringt, ist ein zwar zurückgezogener Schöpfer *(Deus absconditus)*, bleibt aber von der Vorsehung bestimmt präsent: Die Ordnung der Wirtschaft ist ein Teil der Vorsehung. Ähnlich wie Newton sind auch für Smith die Bewegungen der Wirtschaft einer »natürlichen« (Schöpfungs-)Ordnung unterstellt. Doch bietet diese neue Ökonomie etwas, was bisher noch keine Wirtschaft zu leisten vermochte: Wachstum und höhere Einkommen, den Reichtum *(wealth of nations)* für alle (wenn auch ungleich verteilt). Was die ersten Leser Smiths noch für eine Utopie hielten, erweist sich in der Folge als ein System irdischer Wohlfahrt: Der Kapitalismus wird zu einem Erlösungsmodell. Das alte eschatologische Versprechen verzweigt sich: Erlösung im Himmel *post mortem* und Erlösung auf Erden *ante mortem*.

Nun mag man diese Übertragung in irdische Erlösung nicht mehr als Religion ansehen: Der Glaube, Gott regiere die Welt, ist auf Systeme übertragen, deren Geltung allerdings weiterhin geglaubt wird. Damit aber ist die Ökonomie keine Ersetzung des Glaubens, sondern dessen Kontinuität in funktionaler Äquivalenz. Die semantische Umklappung von *Hoffnung* (auf Gottes Reich) in *Erwartung* (das Funktionieren des Systems) ist entscheidend: nicht mehr als Glaube an Gott und seine Schöpfungsordnung, sondern als Glaube an das System. Die Ökonomen verwenden später einen anderen Begriff: Erwartungen als *rational expectations*. Im 20. Jahrhundert wird das mit der magischen Formel des »Wachstums« benannt, Wachstum als notwendige Bedingung der Kontinuität des Kapitalismus. Darin bleibt das alte Vorsehungskonzept enthalten: Wachstum ist möglich *und* notwendig. Die Märkte müssen frei sein, um diese Notwendigkeit erfüllen zu können (Wettbewerb, Deregulation und technischer Fortschritt).

Wachstum, das neue ökonomische Geschichtsgesetz, das mit Adam Smiths Kapitalakkumulationsökonomie 1776 erstmals konzipiert wurde, benötigt eine offene Zukunft. Was ehemals Hoffnung auf Erlösung im Himmel war, wird jetzt zur Erwartung der Erlösung im Leben durch die Steigerung des *wealth of nations* für alle. Eine neue Anthropologie entsteht: Das, was man zuvor in der religiösen Vertikale *hoffen* konnte, muss jetzt horizontal in der Geschichte *erwartet* und realisiert werden *(man-made)*. Die Himmelsökonomie, auf spätere und durchaus zufällige Gnade in der Ewigkeit zu warten, muss jetzt in der Weltzeit realisiert werden (und die Gnade wandert, säkularisiert, in die staatliche Wohlfahrtsfunktion, das heißt in die Politik).

Der Glaube an weltliche Erlösung koppelt sich mit einem anderen Akzelerator: dass die Weltzeit/Geschichte für jeden auf seine Lebenszeit reduziert ist. Das bedeutet nicht nur, alles im Leben zu realisieren, was das Leben verbessert, sondern zugleich auch, von der Fülle der Möglichkeiten, die sich in einer jetzt offenen Weltzeit anbieten, ein Maximum im eigenen, begrenzten Leben zu verwirklichen (gleichsam die Zukunft in die Gegenwart zu holen). Diese Beschleunigung erleben wir in den Finanzmärkten heutzutage sehr ausgeprägt, aber das akzeleratorische Prinzip ist in der gewendeten Zeitauffassung bereits von Beginn an enthalten. Reinhart Koselleck spricht von der »Sattelzeit« um 1800, in der Erfahrung in Erwartung transponiert wird.[2] Das Maximierungsethos der neuen Ökonomie beruht auf keiner Natur des Menschen, sondern ist eine geschichtlich aus dieser Zeitenwende gewonnene Verwirklichungsbeschleunigungsmetapher, mit drei Bedingungen:

1. Jeder Mensch hat nur sein – begrenztes – Leben (bei zunehmender Unsicherheit über den transzendentalen Erwartungsraum).
2. Die Zukunft bietet eine bereits in der Gegenwart verwertbare Fülle von Möglichkeiten.
3. Je mehr man davon im Heute der limitierten Lebenszeit verwirklicht, umso besser lebt man (und die Nachkommen).

Es gibt keinen *Homo oeconomicus*, der immer schon auf Nutzenmaximierung ausgelegt war (wie die zeitlose Anthropologie der Ökonomik meint), sondern er bekommt erst spät geschichtlich eine Chance, das Warten auf Ewigkeitserlösung durch pragmatische Lebenszeitmaximierung zu ersetzen – Ende des 19. Jahrhunderts als *rational actor*.

Erst im 19. Jahrhundert wandeln sich die Konstellationen in kritischer Distanz zur klassischen Politischen Ökonomie: Wenn nicht mehr die Arbeit Wert schafft (wie in der klassischen Ökonomie Smiths, Ricardos und Says), sondern die Bedürfnisse Bewertungen generieren, ist der, der seine Bedürfnisse optimal befriedigt, zugleich der, der den Prozess der Marktallokation effizient macht. Das optimale Bedürfnisbefriedigen muss über individuelle Urteilsakte laufen (Entscheidungen, Wahlakte). Die klassische Theorie der Einkommensklassen (Kapitalist = Profit, Arbeiter = Lohn, Grundeigentümer = Rente) wird in eine Theorie allgemeiner menschlicher Nutzenmaximierung transformiert – gleichsam von der klassischen ökonomischen Soziologie zur ökonomischen Anthropologie.

Die Aussicht, in der anlaufenden Wirtschaftsdynamik künftig bessergestellt zu sein als bisher (Fortschritt), verspricht *Erlösung innerweltlicher Art (von Armut und Leid).* Diese Leistung ist geschichtlich einzigartig. Die Welt bekommt ihren eigenen Himmel – *heaven on earth*: Die Zukunft wird als Einkommenswachstumsfortschritt (und wenn auch nur für die eigenen Kinder) interpretierbar. Geschichte bekommt Zukunft. Zukunft wird zu einem auf den Horizont projizierten säkularen Himmel.»Die Idee des Fortschritts in der Geschichte ist der ins Säkulare gewendete Glaube an die Vorsehung.«[3]

Die alte Vertikale Mensch–Gott, die auf die Ewigkeit orientiert war, klappt in die Ebene der historischen Zeit, in eine Horizontale der Markt- und Gesellschaftsdynamik, in der die Frage der Ordnung der Mensch-Mensch-Beziehungen in den Vordergrund rückt. Seit Vico übernimmt die (neue) Geschichte, die nicht mehr zyklisch gesehen wird, die Funktion der alten Zeit des Ewigen, nunmehr säkularisiert in einen weltlichen unendlichen Erlösungsraum. Alles wird zeitlich (die alte Ewigkeit des *nunc stans* war gleichsam eine stehende, zeitlose Zeit, und die weltliche Zeit eine vorübergehende). Die Ordnung des Himmels wird in eine Ordnung der (menschlichen) Natur übersetzt, die in Adam Smiths *system of natural liberty* noch die *invisible hand* als einzigen Fingerzeig des *Deus absconditus* führt.

Das neue Fortschrittsmodell heißt: Aufstieg aus den traditionellen ständischen Zwängen. Die moderne Ökonomie ist eine emanzipatorische. Ihr historisches Telos lautet: Freiheit. Das Arbeiterelend der frühen Industrialisierungsphase wird selber wieder ein *agens movens*: der sozialistischen und gewerkschaftlichen Emanzipationsbewegungen.

Das Glück besteht nicht nur in der Summe der Güter, die man erwirbt, sondern in der Disposition auf individuelle Freiheit. Wir haben vergessen, dass die Ökonomie dieses Moment der Selbstbestimmung forcierte, was sie um 1800 zu einer emanzipatorischen Theorie machte, wenn sie auch in der»socialen Frage«des 19. Jahrhunderts mit neuem Elend konfrontiert war. Die sozialistischen Bewegungen erweisen sich als Fortsetzungsversuch der Emanzipation *für alle*, auch für die unteren Klassen. Sie übernehmen eine spezifische zivilreligiöse Funktion: den versprochenen Wohlstand für alle zu realisieren, das heißt die allgemeine Erlösung (wenn man so will: in Erinnerung an das jesuanische Liebesgebot).

Nebenbei: Das Wort Communismus, das Marx verwendet, hat eine Nähe zur (urchristlichen) Gemeinde (Paulus). Auf dieser Interpretationsfolie lässt sich die Wucht der sozialistischen Bewegungen als säkularisierte Theologie verstehen. Sie geht einen Schritt weiter als das kapitalistische Wachstumsversprechen, das die Erlösung der Armut in materielle Wohlfahrt offenbarte. Jacob Taubes nennt Marx' Sozialökonomie eine Heilsökonomie.[4] Der Kapitalismus wird im 19. (und frühen 20.) Jahrhundert als wirkmächtige soziale Utopie betrachtet, mit den Visionen: Freiheit, Fortschritt, steigender Lebensstandard – auch und gerade in seinen kritischen Betrachtungen (unter anderem Namen, in anderer Organisation, aber immer auf der Basis der ungeheuren Produktivitätsentfaltung).

Eschatologieverlust und Ungewissheitszunahme:
die moderne Phase des Kapitalismus

Die Versprechen des Kapitalismus – der Kern seiner säkularisierten Eschatologie auf Erlösung im Leben – scheint heute, in der Hypermoderne ins Leere zu laufen. Byung-Chul Han nennt diesen Zustand treffend »Müdigkeitsgesellschaft«.[5] Das Thema hat längst eine eigene Interpretationswelt erzeugt: Neben Byung-Chul Han gehören dazu Richard Sennett, Alain Ehrenberg, Luc Boltanski, Axel Honneth etc. Die Flexibilisierung des Menschen in der Arbeitswelt, so Sennett, habe zu Zwangsneurosen und lähmender Stimmung geführt. In der Freisetzung des Freiberuflers – ehedem noch positiv gewertet – erscheint eine »prekäre Kreativität«. Die zunehmenden Chancen und Möglichkeiten, denen sich Menschen im Spätkapitalismus ausgesetzt sehen, das permanente Aktivsein und Chancen-ergreifen-Müssen, machen sie müde und erschöpft: Innere Leere, gefühlte Minderwertigkeit, Antriebsschwäche, das Überhandnehmen von psychischen Krankheiten wie Depressionen sind die Indikatoren.

Was immer an diesen Befunden auch einseitig oder überzeichnet sein mag, sie entsprechen in vielem der Selbsteinschätzung der Akteure: Sie signalisieren eine hypermoderne Gestimmtheit. Die Kreativitätszumutung, individuell immer erfolgreich zu sein in geschärfter Flexibilität, als *Homo mobilis* sich jeweils neu zu positionieren in der sozialen Matrix, und das damit einhergehende wahrscheinliche Nichtgelingen beziehungsweise das Nicht-immer-Gelingen vergrößert die Distanz zu sich selber.»Luhmanns ›horror potentialitatis‹ – die Angst vor der Überfülle der Möglichkeiten«[6], die allein deshalb, weil sie so viele sind, nicht alle ergriffen werden können, und die Angst, das nicht zu können, aber zu sollen – schafft ein Vakuum, unvollständig zu sein angesichts der gefühlten Anforderungen, die nicht nur offerieren, dass alles möglich sei, sondern das auch zu realisieren fordern. Nicht an den Möglichkeiten scheitern die Menschen, sondern am daran gekoppelten Erfolgsdruck.»Freiheit im gegenwärtigen Kapitalismus wird oftmals als grenzenlose Erfolgsgarantie missverstanden, die ein mögliches Scheitern auszuschließen scheint.«[7]

»Komplexe soziale Systeme sind keine Besonderheit der Moderne. Wo wir es jedoch mit verlängerten Handlungsketten, mit gesteigerter Interaktion interagierender Teilsysteme, mit verschärfter zirkulärer Interaktion und Selbstverstärkung, ergo mit gesteigerter Komplexität im Sinne von Unüberschaubarkeit zu tun haben, da kommt es zu einer Drift in einen ›prometheischen‹ Zustand: Wir können mehr und mehr, aber die Lücke zwischen dem verfügbaren und dem erforderlichen Können wird größer und größer.«[8] Erfolg und Scheitern bilden eine ambigue Komplementarität. Kommunikativ bevorzugen wir den Erfolg. Die Ökonomie hat keine ausgeprägten Scheitertheorien. Wachstum ist eine Form säkularisierter Vorhersehung: Es muss mit Notwendigkeit erfüllt werden, um das System fortsetzen zu lassen. Folglich ist die Grundhaltung aus dieser Notwendigkeit heraus positiv, will sagen eine Art des Determinismus der Möglichkeitsergreifungen. Es geht nicht nur – liberal – um Chancen, die jeder ergreifen kann, sondern darum, dass diese Chancen ergriffen werden müssen. Der Profitmechanismus ist kein Tugendproblem, sondern ein immanenter Operator, der das Wachstum stabilisiert, das heißt, den wohlfahrtssenkenden Abbruch verhindert. In diesem providenziellen Schema erweisen sich das Wachstum und seine ungeheuren Leistungen, immer wieder neue Möglichkeiten zu realisieren, als abgekoppelt vom anderen Ziel der Fülle des Lebens oder der Erringung eines guten Lebens und als Leerlauf beziehungsweise als Vereinsamung in den sozialen Netzen. Das Bild des Kapitalismus entwickelt sich – bei aller anhaltenden Systemrationalität und höchster Produktivität – zu einer negativen Utopie (Dystopie). Das, was man an Freiheit und Möglichkeit erhofft, verwirklicht sich partiell, aber im Modus eines dissoziierten Lebens. Urs Stäheli spricht von einer »Dissemination (Streuung) von Sinn«.[9]

Die Fülle der Möglichkeiten befördert diesen Leerlauf: nicht nur im *informational overflow* (der Wissensgesellschaft in den Internetwelten), sondern auch im *possibility overflow*, der so vieles ergreifen will, aber nur manches realisieren kann, mit der mitlaufenden Einsicht, möglicherweise nicht das Richtige oder Angemessene erlangt zu haben. Denn je mehr wir wissen und uns als möglich erscheint, desto größer wird die Ambivalenz, was angemessen zu wählen oder zu entscheiden sei (Decidophobie; Nina Hagen sang in den 1990er-Jahren: »Es ist alles so schön bunt hier, ich kann mich gar nicht entscheiden«).

Der methodische Vorschlag der Ökonomie, den entscheidenden Menschen als *rational actor* zu axiomatisieren, das heißt als jemanden, der in jeder Lage imstande ist, die beste der vorhandenen Alternativen zu wählen – so kann der Markt insgesamt als effizient und als im Gleichgewicht behauptet werden, weil alle Akteure selber effizient sind –, gerät angesichts der Fülle der Möglichkeiten in eine prekäre Lage: Wie soll er wissen können, was das je Beste ist? Jede Wahl wird von der Unsicherheit begleitet, das noch Bessere verfehlt haben zu können. Das Risiko besteht dann nicht allein in Zukunftsentscheidungen, sondern bereits dort, wo die Ökonomie sich noch, von »Entscheidungen unter Sicherheit« sprechend, auf der sicheren Seite wähnt. Denn wenn die Fülle der Möglichkeiten zunimmt, ist jede Entscheidung latent innovativ, sie kann auch anders ausfallen. Das, was das Beste ist, variiert (und ist nicht mehr allein ökonomisch zu interpretieren, sondern unter kommunikativem Einfluss). Man beobachtet, was andere entscheiden, um sich in der Unsicherheit der Ambivalenz des Möglichen zu orientieren. Was aber ist das Beste, wenn man sich angesichts vieler Möglichkeiten doch nur suboptimal entscheiden kann? Die im Kauf offenbarten Präferenzen *(revealed preferences)* klären die Sinnfrage nicht, das Gefühl der relativen Fehlentscheidung nimmt zu – Dissemination von Sinn.

Wenn aber alle nicht optimal entscheiden, weil sie ja das Beste verfehlen können, ist das System insgesamt nicht optimal austariert, sondern schwankend suboptimal. Nur die idealen Modelle der Ökonomik verhandeln die Utopie des *optimum optimorum*: eine illusionäre Metaphysik, die mit den Erwartungen und Erfahrungen der hypermodernen Akteurswelten nicht vereinbar ist. Dass aus den idealen Möglichkeiten reelle Handlungen fließen sollen, betont die Ökonomie allenthalben in ihrem notorischen Optimismus, aber die Frage »Welche?« wird lauter. Es gibt keine definitive Antwort, aber zunehmende Ungewissheit.

Was bleibt? Das nackte Leben, dem keine ewige Seligkeit (der Seele) mehr folgt (der alte Trost und die alte Hoffnung), ist ein historisches Ergebnis der Säkularisation, dem nun auch keine Anreicherung im Leben mehr abzugewinnen ist. Mehr Komfort ist grenzwertig, weil sichtbar wird, dass damit das, was das Leben ausmacht, weiter ungeklärt bleibt.[10] Mehr als den Körper gesund zu halten ist in dieser Reduktion kulturell kaum noch im Angebot. Wir haben es mit einem Indikator zu tun, der das Erlösungsversprechen des Kapitalismus neu bewertet. Wenn das anfängliche Erlösungsversprechen – *to better the comfort of life* (Adam Smith) – heute, im Spätkapitalismus der Hypermoderne, darin gipfelt, nur Erfolg zu haben, der höchst kontingent bleibt, wird der Komfort leer und das Leben nackt, und es wird sichtbar, dass anscheinend noch mehr im anfänglichen Versprechen enthalten schien, dessen Nichterfüllung sich jetzt offenbart.

Denn das Leben als Maximierung der Möglichkeiten zu betrachten verfehlt, *sich selbst als Möglichkeit zu sehen*. Oder wie Nietzsche Mitte des 19. Jahrhunderts präzisiert: *sich selbst als Versprechen zu betrachten* (in Interpretation Nietzsches, der das *zoon logon echon* Aristoteles' als »das Thier, das verspricht« übersetzt). Das Außen/Innen-Verhältnis ist aus dem Tritt gekommen. Der *rational actor* maximiert, was die Welt an Möglichkeiten bietet. Aber immer zu gewinnen stellt die Fragen: Wozu? Woraufhin? Wie leer, wie unerfüllt ist einer, der immer gewinnen muss? *How much is enough?* Und: Wie viel ist dann Ich? Wie schlägt die Quantität in Qualität um?

Die Offenbarung des Kapitalismus in seiner aktuellen späten Phase ist eine *Leere der Fülle*. Es wird deutlich, dass die Förderung materieller Wohlfahrt – der hochwertige positive Beitrag des gewaltigen kapitalistischen Systems – nicht ausreicht. Die Beseitigung des Hungers durch Beschäftigungseinkommen (und kompensatorisch durch den Wohlfahrtsstaat, der das Moment der Sicherung des Lebens einführt) zeigt, dass es noch einen anderen Hunger gibt, dem das System nichts liefert. Darin steckt kein Wunsch, wieder religiös zu werden, aber eine Enttäuschung darüber, dass das eschatologische Versprechen nicht ausreicht.

Sind wir berechtigt, vom Ende des Kapitalismus zu reden – nicht als perennierende und weiter erfolgreiche Wirtschaftsform, aber als eschatologische Versprechensagenda? Damit fällt die klassische Legitimation des Kapitalismus, dessen Meister Adam Smith war, der Edinburgher Moralphilosoph, allen ein besseres Leben zu versprechen. Kapitalismus war nach ihm keine Gewinnmaschine für gierige Reiche, sondern eine Reichtumsmaschine für alle Menschen, wenn sie auch in unterschiedlichen Graden daran beteiligt werden. Aber sie werden beschäftigt, bekommen Einkommen, verhungern nicht, sind nicht auf

Almosen und Barmherzigkeit (das heißt auf die Willkür menschlichen Mitleids) angewiesen, und im Laufe der Geschichte steigt ihr *comfort of life*. Natürlich schloss Smith keine Form menschlicher *sympathy* und *benevolence* aus, aber er wollte deren Zufälligkeit in ein *natural system of liberty* ummünzen, also in ein System, das die Chancen aller erhöhte, sprich jedem seinen Möglichkeitszugriff.

Das ist nicht nur der Kern des Liberalismus des 19. Jahrhunderts, inzwischen fast zu einer Ideologie verkommen, sondern der Kern des Kapitalismus als ein humanes Geschichtsprojekt, das in der *commercial society* – bei Smith die höchste Stufe zivilisatorischer Entwicklung – insofern erblüht, als die alte Wirtschaftsform, welche die meisten Gesellschaftsmitglieder an der Not- und Hungergrenze leben ließ, transformiert wurde. Um es paradox zu formulieren: Eben das ist ihm gelungen, woran sichtbar wurde, dass es nicht reicht. Dass das, was im Kapitalismus gelungen ist, auf der Ebene der Resonanz zur Natur neue Komplexitäten erfährt, ist ein anderes Blatt.

Der Fortschritt, den wir einzig vom Kapitalismus noch erhoffen mögen, ist der technische und der ihm vorlaufende technologische. Hier formiert sich die Wissensgesellschaft zu einem neuen Erlösungstopos, begleitet aber von der Komplexität des *informational overflow*, der die Aufklärung der Geister (zunehmende Transparenz) mit deren Verwirrung (neue Unübersichtlichkeit) balanciert. Indem wir mehr als je zuvor wissen können, wissen wir, was wir alles nicht wissen. In der Fülle nimmt die Leere zu; Wissen und Nichtwissen wachsen komplementär. So bleibt der technische Fortschritt ein Glaube an Expertenkulturen (an dem man selber nicht oder nur rezeptiv teilnimmt). Wie wir uns in den neuen technoidizierten Welten bewegen, bleibt offen (bis uns die *smart technologies* die Komplexitätsbewältigung abnehmen)[11]. Hier aber herrschen mehr Befürchtungen als Hoffnungen. Vor allem auch an der Frage der Externalitäten des kapitalistischen Systems, welche die natürlichen Lebensbedingungen belasten.

So beginnt ein zweiter, dem eschatologischen Kapitalismus eingelagerter Topos, riskant zu werden: die Frage der Beherrschung der

Erde, die jetzt über die Fragen von deren Belastbarkeit neu einzu-
schätzen begonnen wird. Im 17. und 18. Jahrhundert wurde das noch
als Mandatschaft der Menschen in Gottes Schöpfungsplan angesehen – seid fruchtbar, mehret euch und macht euch die Erde untertan
(Moses I, 28). Die neue Produktivität als Exekution der Schöpfungs-
vollendung, in der Bacons Prophetie »man controls nature« zu realisieren begonnen wurde, endet in der Zwischenerkenntnis, dass dieser
Vollendungsprozess die Schöpfung selbst in Unordnung bringt. Das
sinnträchtige Geschichtsziel verliert sein *telos*. Das Versprechen der
Erlösung nicht nur unser selbst, sondern zugleich der Natur von ihrer
beschränkten Notwendigkeit erweist sich als rekursiver Prozess der
stärker werdenden Abhängigkeit, die den kreierten Raum der humanen Möglichkeiten zu restringieren beginnt. Die technologizistische
Antwort, in der Bearbeitung dieser Restriktionen den Raum der Möglichkeiten dennoch wieder zu erweitern, vergisst, dass darin das andere Versprechen, den Raum der Lebensmöglichkeiten zu entwickeln,
mit verringert werden könnte.

Der neue Fortschritt der Hypermoderne verspricht uns nur mehr
gerade noch nachhaltig die gegebenen Lebensmöglichkeiten: ein
steady state-Prozess. »Nachhaltigkeit« ist der neue – konservatorische –
Topos des anhaltenden Fortschritts, mit der Doppeldeutung des Wei-
terlaufens wie des Stoppens. *Stop and go* ist die Metapher des Staus
der Entwicklung, die Wachstum braucht, um das Niveau zu halten:
decelerated growth. Ähnlich wie die Geschichte, deren Ende Francis
Fukuyama so beschreibt, dass sie keine Steigerung mehr böte, wird das
Wachstum zu einer Steigerungsform, die paradoxal gerade die Erhaltung gewährleisten würde. Die Fülle der Möglichkeiten wird zu einem
Raum, in dem vornehmlich die Möglichkeiten gewählt werden müssen, die die Bedingungen der Fülle der Möglichkeiten aufrechterhal-
ten Die Offenheit der Zukunft wird zur bedingten Offenheit.

Wozu Kapitalismus?

Wenn die Ewigkeit auf die Lebenszeit schmilzt, muss in ihr letztlich alles erreicht werden, was menschenmöglich ist. Wenn die offene Zukunft – die neue Weltzeit, die in der Aufklärung gegen die Ewigkeit als Geschichte gewonnen wurde – aus einer Fülle von Möglichkeiten besteht, das Leben aber zeitlich begrenzt ist, scheint es folgerichtig zu sein, so viel wie möglich aus dem Leben herauszuholen. Maximierung ist ein Modus der Komprimierung von Zukunft in der Gegenwart. Wir befinden uns in einem anhaltenden Zustand einer »breiten Gegenwart«, die Zukunft wie Vergangenheit auf das, was wir jetzt herausholen können, fokussiert.[12] Darin sind die Fortschrittserwartungen gedämpft; wir verlagern so viel Zukunft wie möglich auf das Heute. Unsere Handlungsentwürfe werden kürzer, bleiben aber maximalistisch (so viel wie möglich); die Extension der Finanzmärkte der letzten 30 Jahre durch Ausweitung des spekulativen Gewinns ist nur ein Indikator dieser Option.

Das Erlösungsversprechen des Kapitalismus bezog sich nicht nur auf die Verbesserung der materiellen Wohlfahrt. Es enthielt ein Transformationsprogramm: Die offene Zukunft, als Fülle der Möglichkeiten, machte jede Änderung möglich und damit erwartbar. Freiheit, Fortschritt, Emanzipation waren keine politischen Begleitprogramme, sondern der Kern des säkularisierten Möglichkeitsraumes: sich aus den Traditionen, Normen, Standesgrenzen etc. zu befreien. Das Individuum wurde zum Molekül dieser neuen sozialen und ökonomischen Chemie, die alle möglichen – individuellen und sozialen – Rekombinationen wahrscheinlicher machte, die man sich vorstellte, nur mehr noch rational entscheiden zu brauchen. In diesem Sinne war der *rational actor* geschichtlich eine emanzipatorische Figur.

Doch ändert die *rational choice* ihren Charakter, je nachdem, in welchem Kontext sie versetzt wird. In einer Welt klarer Lebensumstände sorgt die *rational choice* als kluge Wahl des Besten (im Sinne des Nützlichen und Brauchbaren) für eine geordnete Haushalts- und

Lebensführung. Je dynamischer aber die Wirtschaft wird, desto mehr und neuere Möglichkeiten sind zu wählen. *Rational choice* wählt nicht mehr nur zwischen gegebenen Alternativen, sondern auch zwischen neuen, unbekannten. Die Bedürfnishaftigkeit steigert sich in der Dynamik mit:»Was das mit Verstand begabte Individuum vor allem will, ist nicht die Befriedigung der Bedürfnisse, die es hatte, sondern mehr und bessere Bedürfnisse.«[13] Dann aber wird die Wahl des Besten ein riskanter Vorgang zwischen Erfahrung und Erwartung. Kann etwas Neues das Beste sein, obwohl man es nicht kennt? Die neuen Bedürfnisse sind als neue lebensqualitätsungeprüft. *Rational choice* wird deshalb zu einem Unsicherheitswahloperator, einem Wagnis oder sogar Innovationsprozess. Die Rate der konsumarischen Innovationen und neuen Möglichkeiten bestimmt den Wechsel der Präferenzen und der Auswahlmengen. Der Nutzen wird attraktionsbestimmt, verliert seine Kriterialität (die er nur in gewohnten Umgebungen konventionell ausspielen kann).

In der modernen Ökonomie wird die Fähigkeit der Individuen, rational ständig die beste Alternative zu wählen, wie selbstverständlich unter der Voraussetzung verbucht, dass das Individuum eine Identität habe. So ist die Identität des Individuums in der Ökonomik identisch mit der Maximierung der Möglichkeiten. Das Individuum *hat* *nicht* Wünsche und Überzeugungen, sondern *ist* seine Wünsche und Überzeugungen. Unterstehen diese dem Maximierungsgebot, steht der *rational actor* im unendlichen Progress seiner Identität. Er ist, so beschrieben, unfähig, in ein *lock-in* zu gelangen, bei sich selbst anzuhalten (weil das Selbst selber dieser Progress ist). Es fehlt an der zweiten Stufe des Möglichkeitssinns: sich selber als Möglichkeit zu sehen.

Wenn das Versprechen, das sich die als *rational actors* konfigurierten Menschen geben, darin besteht, immer mehr und neue Möglichkeiten im Leben zu verwirklichen, bleibt die Identität immer vorläufig. Denn in den neuen Möglichkeiten, auch und gerade in denen, die noch gar nicht vorstellig sind, kann etwas vorkommen, das noch erstrebenswerter ist als das, was man gerade realisiert. Welches Versprechen geben sie sich selber? Wie bilden sie ihren Lebensentwurf, worin wollen sie ankommen? Wie kommen sie aus dem Zyklus der perennierenden Selbsttranszendentalisierung heraus? Wann können sie sagen, dass ihr Leben gut war, statt auf einen weiteren Komparativ zu hoffen?

Beyond faith: Produktion des Menschen

Wir müssen die Rationalität neu definieren:»Wähle die beste Möglichkeit« bezieht sich dann nicht auf das, was extern angeboten wird, sondern auch auf sich selbst:»Wähle dich als deine Möglichkeit.« Es geht nicht um das je gerade opportun angebotene nützliche Mögliche, sondern um eine Reflexion auf das, was man sein und werden will: auf eine Haltung zum Leben, das einen erst als Persönlichkeit konstituiert. Das, was einem gut ist, ist nicht einfach wahrnehmbar oder einsichtig, sondern bedarf persönlicher Entwicklung oder Bildung. Man nimmt nur das als Möglichkeit wahr, was einem aus seiner Haltung, seiner lebensstrategischen Position als sinnvoll erscheint. Diese Haltungsrationalität selektiert das Nützliche und das Gute und wählt letztlich nur, was als Gutes nützlich ist.

Das mag fast stoisch klingen, aber nicht das Maßvolle ist hier entscheidend, sondern ein spekulativer Umgang mit sich selbst, der herausfindet, was einen reich macht an Erfüllung im Leben. Das aber ist keine Frage allein der Haltung, auch nicht nur ein stoischer Umgang mit Unsicherheit, sondern Spekulation auf einen Zweck des Lebens, den man selber setzt.

In der neuesten ökonomischen Glücks-/*Happiness*-Forschung werden die Fragen zumindest geahnt. Es ist das Gespür dafür, dass im hypermodernen Kapitalismus materielle Versorgtheit nicht das Höchste ist. Der Happy Planet Index (HPI) etwa hat die Einwohner von Costa Rica als das glücklichste Volk identifiziert. Darin erweist sich, dass man glücklich und bescheiden zugleich sein kann. Umgekehrt wird daraus geschlussfolgert, dass der Konsum der reichsten Länder, der »better comfort« des Kapitalismus, mit Unzufriedenheit einhergehe. Die Forschung boomt; in der World Database of Happiness haben wir mittlerweile 1433 Studien, die über 14 261 Einflussfaktoren Auskunft geben.[14] Man ahnt sofort, dass die Frage nicht geklärt ist.

Die ökonomische Glücksforschung koppelt sich schwach an antike Momente, an Versatzstücke der aristotelischen *eudaimonia* beziehungsweise *eupraxis.* Aber anstatt, wie es Hannah Arendt in der *Vita activa* rekonstruiert, das Glück als höchste Tätigkeit zu formieren, haben wir es in der Glücksforschung mit Befragungen zu den Zufriedenheitsfaktoren zu tun, das heißt vornehmlich mit passivem Rezeptionsverhalten gegenüber Einkommen, Konsum und Lebensbedingungen. Auf die Frage »Wie zufrieden sind sie gegenwärtig, alles in allem, mit ihrem Leben?« kann man nur mit »mehr oder weniger« antworten. Eine solche Frage erschließt keinem die Reflexion auf das, was das eigene Leben sein soll. Die Forschung beobachtet nur, evoziert nicht, gibt keinen Anlass, sein Leben selber infrage zu stellen. Wir bleiben im Kanon der Wahl der Güter, nicht unserer selbst. Die Glücksforschung weist eher nur nach, dass materielle Versorgtheit nicht das Glück der Menschen macht, als Belegforschung zur Erwartungsenttäuschung im Kapitalismus. Damit verspielt sie die Chance, die ihrem Thema einliegt, sie bleibt Marktforschung. Sie bestätigt lediglich die Leere der Fülle, leitet aber in keinen Diskurs über, was wir leben wollen.

In der Antike, unserem exzeptionellen Erbstück, war Glück *(eudaimonia)* kein passives Erwarten, sondern höchste Tätigkeit: als Erkenntnis *(theoria)* und Gestaltung *(politike)* der Welt. W. D. Enkelmann pointiert diese ererbte Glücksvorstellung als Freiheit, in einem nicht determinierten Sinne kreativ und produktiv zu sein. Das Glück, hatten wir bereits gesagt, *besteht nicht nur in der Summe der Güter, die man erwirbt, sondern in der Disposition auf Freiheit.* Es geht um eine spekulative Vernunft »des offenen Glücksstrebens. Die Mittel sind begrenzt, durch ihre Zwecke, die Zwecke, so Aristoteles, sind es nicht.«

Wir haben aktuell keinen angemessenen Begriff des »Reichtums der Welt, des Glücks, des Begehrens als dessen Quellcode sowie der Produktionsressource Zukunft«.[15] Der Reichtum, den Enkelmann anspricht, ist ein Reichtum der Ideen, die Welt vernünftig einzurichten. Hier geht es um eine andere Produktivität als die der Güter: um das Wagnis der Spekulation als Produktion der humanen Welt.

Die Produktion, die wir mit der Ökonomie des Kapitalismus uns zu identifizieren angewöhnt haben, ist nur ein Ausschnitt aus einer sie übersteigenden Produktivität der Weltgestaltung. Darin geht es auch nicht mehr nur darum, individuell unser Leben zu einem Zweck zu formen, sondern um soziale Intelligenz. Die ungeheure Produktivität, die wir im Kapitalismus erreicht haben, hat bei dem mitlaufenden Versprechen der Produktion des Menschen versagt. Produktion des Menschen heißt hier: nicht nur die *convenience of life* zu steigern, sondern uns selbst – als Gestalter der Welt. Nach der geschichtlichen Erfahrung, dass der Kapitalismus das nicht leistet, sind wir angehalten, für die nächste Epoche (das beginnende dritte Jahrtausend) eine Ökonomie zu formulieren, die nicht nur die Produktion *für* die Menschen im Fokus hat, sondern die Produktion *des* Menschen als Menschen. Das lässt sich nicht bloß als moralische Ergänzung, nicht als Wirtschaftsethik auffassen, sondern ist Wirtschaftsphilosophie: indem wir auf die Spekulation als Transzendierung des nur Nützlichen reflektieren – auf Horizontgewinn.

Anmerkungen

1 Weizsäcker, Carl Chr. von: »Chancen und Grenzen der Zukunftsgestaltung durch Forschung«. In: *FAZ* Nr. 258/2010, S. 12.

2 Vgl. Koselleck, Reinhart: *Begriffsgeschichten. Studien zur Semantik und Pragmatik der politischen und sozialen Sprache.* Frankfurt am Main 2006.

3 Vgl. Gray, John: »Humanismus ist ein Aberglaube« (Interview). In: *Spiegel* Nr. 9/2010, S. 137.

4 Taubes, Jacob: *Abendländische Eschatologie.* München 1991, S. 184.

5 Vgl. Han, Byung-Chul: *Müdigkeitsgesellschaft.* Berlin 2010.

6 Ortmann, Günther: *Management in der Hypermoderne. Kontingenz und Entscheidung.* Wiesbaden 2009, S. 57.

7 Kurianowicz, Th.: »Würde es Ihnen etwas ausmachen, etwas weniger kreativ auf die Tube zu drücken?« In: *FAZ* Nr. 210/2011, S. 30.

8 Ortmann, Wiesbaden 2009, S. 57.

9 Stäheli, Urs: *Sinnzusammenbrüche. Eine dekonstruktive Lektüre von Niklas Luhmanns Systemtheorie.* Weilerswist 2000, S. 124 f.

10 »Die Menschheit nähert sich einem Punkt, an dem die Menschen nicht mehr bereit sind, für ein Mehr an materiellen Gütern noch zu arbeiten. Dafür werden postmaterielle Güter wichtiger. Freiheit, Selbstentfaltung, Erhaltung der Umwelt, ethisches Handeln.« Pavel Mayer, wirtschaftspolitischer Sprecher der Piraten-Fraktion, im Berliner Abgeordnetenhaus.

11 Kurzweil, Ron: *The Age of Spiritual Machines: When Computers Exceed Human Intelligence.* London 2000.

12 Vgl. Gumbrecht, Hans Ulrich: *Unsere breite Gegenwart.* Berlin 2010.

13 Stigler, George J.: »Frank Hyneman Knight«. In: Eatwell, John (Hg.): *The New Palgrave: A Dictionary of Economics,* Bd. 3. New York 1987, S. 58.

14 Grossarth, Jan: »Die Berechnung des Glücks«. In: *FAZ,* Nr. 82/2012, S. 12.

15 Enkelmann, Wolf Dieter: *Beginnen wir mit dem Unmöglichen. Jacques Derrida, Ressourcen und der Ursprung der Ökonomie.* Marburg 2010, S. 147.

Weiterführende Literatur

Agamben, Giorgio: *Herrschaft und Herrlichkeit: Zur theologischen Genealogie von Ökonomie und Regierung.* Berlin 2010.

Akerlof, George A.; Kranton, Rachel E.: *Identity Economics: Warum wir ganz anders ticken, als die meisten Ökonomen denken.* München 2011.

Arendt, Hannah: *Vita activa oder Vom tätigen Leben.* München 2002.

Blumenberg, Hans: *Lebenszeit und Weltzeit.* Frankfurt am Main 1986.

Boltanski, Luc; Chiapello, Ève: *Der neue Geist des Kapitalismus.* Konstanz 2006.

Bolz, Norbert: *Die Sinngesellschaft.* Berlin 2012.

Derrida, Jacques: *Falschgeld. Zeit geben I.* München 1993.

Ehrenberg, Alain: *Das erschöpfte Selbst: Depression und Gesellschaft in der Gegenwart.* Frankfurt am Main 2008.

Enkelmann, Wolf Dieter: *Beginnen wir mit dem Unmöglichen. Jacques Derrida, Ressourcen und der Ursprung der Ökonomie.* Marburg 2010.

Esposito, Elena: *Die Zukunft der Futures: Die Zeit des Geldes in Finanzwelt und Gesellschaft.* Heidelberg 2010.

Frey, Bruno S.; Frey Marti, Claudia: *Glück. Die Sicht der Ökonomie.* Chur 2010.

Fukuyama, Francis: *Das Ende der Geschichte.* München 1992.

Gray, John: *Politik der Apokalypse. Wie Religion die Welt in die Krise stürzt.* Stuttgart 2009.

Gray, John: »Humanismus ist ein Aberglaube« (Interview). In: *Spiegel* Nr. 9/2010, S. 136–140.

Grossarth, Jan: »Die Berechnung des Glücks«. In: *FAZ* Nr. 82/2012, S. 12.

Gumbrecht, Hans Ulrich: *Unsere breite Gegenwart.* Berlin 2010.

Han, Byung-Chul: *Müdigkeitsgesellschaft.* Berlin 2010.

Han, Byung-Chul: *Transparenzgesellschaft.* Berlin 2012.

Hartmann, Martin: *Die Praxis des Vertrauens.* Berlin 2011.

Herrmann-Pillath, Carsten: *The Economics of Identity and Creativity.* University of Queensland 2011.

Hutter, Michael: »Infinite surprises. On the stabilization of value in the Creative Industries«. In: Beckert, Jens; Apsers, Patrik (Hg.): *The Worth of Goods.* Oxford University Press 2011.

Kaufmann, Jean-Claude: *Die Erfindung des Ich: Eine Theorie der Identität.* Konstanz 2005.

Koselleck, Reinhart: *Begriffsgeschichten: Studien zur Semantik und Pragmatik der politischen und sozialen Sprache.* Frankfurt am Main 2006.

Kurzweil, Ron: *The Age of Spiritual Machines: When Computers Exceed Human Intelligence.* London 2000.

Menke, Christoph; Rebentisch, Juliane (Hg.): *Kreation und Depression. Freiheit im gegenwärtigen Kapitalismus.* Berlin 2011.

Nelson, Robert H.: *Economic as Religion: From Samuelson to Chicago and Beyond.* Pennsylvania State University Press 2001.

Nida-Rümelin, Julian: *Strukturelle Rationalität: Ein philosophischer Essay über praktische Vernunft.* Ditzingen 2001.

Ortmann, Günther: *Management in der Hypermoderne. Kontingenz und Entscheidung.* Wiesbaden 2009.

Pfaller, Robert: *Wofür es sich zu leben lohnt: Elemente materialistischer Philosophie.* Frankfurt am Main 2011.

Priddat, Birger P.: *Theologie, Ökonomie, Macht. Eine Rekonstruktion der Ökonomie John Lockes.* Marburg 1998.

Priddat, Birger P.: *Was kann Wirtschaftsethik sein?* Universität Lüneburg, Institut für Ethik und transdisziplinäre Nachhaltigkeitsforschung 2012.

Priddat, Birger P.: »Wozu reich? Über europäische Grundmuster und Legitimationen des Reichtums.« In: *Lettre International.* Herbst 2012 (in Vorbereitung).

Sedláček, Thomas: *Die Ökonomie von Gut und Böse.* München 2012.

Sennett, Richard: *Der flexible Mensch: Die Kultur des neuen Kapitalismus.* Berlin 2006.

Stäheli, Urs: *Sinnzusammenbrüche. Eine dekonstruktive Lektüre von Niklas Luhmanns Systemtheorie.* Weilerswist 2000.

Taubes, Jacob: *Abendländische Eschatologie.* München 1991.

Vogl, Joseph: *Das Gespenst des Kapitals.* Zürich 2010.

Niels Pfläging
Kaputtoptimieren und Totverbessern
Eine kurze Geschichte des Managements als Scharlatanerie

Stellen Sie sich vor, Sie lebten im westeuropäischen Mittelalter. Sagen wir innerhalb jener Geografie, die heute Deutschland, Österreich und die Schweiz umfasst. Die Zeit: irgendwann zwischen dem sechsten und 15. Jahrhundert, also nach dem Untergang des Römischen Reiches und vor Beginn der Renaissance. Nehmen wir außerdem an, Sie hätten ein körperliches Leiden. Dann hätten Sie ein richtiges Problem: Denn während die byzantinischen und arabischen Mediziner das medizinwissenschaftliche Erbe der Antike bewahrten, blieb die Medizin des westlichen Mittelalters von allen Erkenntnissen unberührt, die es zuvor einmal gegeben hatte.

In jener Zeit existierte keine schulmedizinische Tradition in Mitteleuropa: Erfahrungserwerb und -weitergabe gingen Hand in Hand mit spirituellen Einflüssen und religiöser Ideologie. Nur wenige lateinische Schriften aus dem Altertum hatten überlebt, das Griechische ging verloren. Die verbliebenen medizinischen Theorien konzentrierten sich mehr auf religiöse als auf wissenschaftliche Erklärungen. Ansichten über die Entstehung und Heilung von Krankheiten waren dementsprechend nicht säkular geprägt, sie waren vielmehr Teil der christlich geprägten Weltanschauung – und in der spielten Faktoren wie Schicksal, Sünde und astrale Einflüsse eine mindestens ebenso zentrale Rolle wie körperliche Ursachen. Die Wirksamkeit von Heilmitteln war eher an den Glauben von Patient und Arzt gebunden als an empirische Beweise. Heute bezeichnen wir das als Placeboeffekt. So fanden vermeintlich heilende Praktiken wie Aderlass oder Schröpfung eine weite Verbreitung. Vielleicht wären die etwas für Ihr Körperleiden?

Die *remedia physicalia*, also die eingesetzten physischen Mittel zur Krankheitsbehandlung, waren einer spirituellen Einflussnahme regelrecht nachgeordnet. Nach kirchlicher Lehre schickte Gott Krankheit als Strafe zu den Menschen – nur Beichte und Reue konnten zur Heilung führen. Entsprechend weitverbreitet waren Bußpraktiken und Wallfahrten als Heilmittel. Auch Gebete und Andachten spielten eine große Rolle. In Klöstern wurde Heilkräuterkunde betrieben, wobei man den Erfolg pflanzlicher Heilmittel der Wirkung auf die Hauptflüssigkeiten »schwarze Galle, Schleim, Blut, gelbe Galle« zuschrieb. Denn stets ging es darum, das »Gleichgewicht der Körpersäfte« wiederherzustellen. Auch diese Praktiken könnten bei Ihnen zur Anwendung gebracht werden. Nicht gerade hilfreich für Ihre Heilungschancen wäre auch die Ansicht, der Beruf des Mediziners eigne sich ohnehin nicht für Christen, da Krankheit ja als von Gott gesandt galt. Statt wissenschaftlich ausgebildeter Ärzte trieben Quacksalber oder Scharlatane als Heiler ihr Unwesen – später kam für sie der Begriff des »Kurpfuschers« in Umlauf.

Fazit: Insgesamt stünden Ihre Chancen, im westeuropäischen Mittelalter auf medizinischem Wege Heilung oder Linderung Ihres körperlichen Leidens zu erfahren, eher schlecht. Wahrscheinlich würden Sie durch eine der gängigen Heilverfahren hinweggerafft oder, sagen wir, früher als nötig dem Jenseits zugeführt werden. Claude Lévi-Strauss bezeichnete die Situation der Medizin im Mittelalter deshalb als »schamanistischen Komplex«. Erst mit dem neuen Denken der Renaissance und der Verwissenschaftlichung der Medizin ab dem 18. Jahrhundert, in dem die Gründung und Professionalisierung von Heilberufen, neue medizinische Deutungssysteme, neue Erkenntnisse wie die Entdeckung der Nerven, aber auch der Rückgriff auf die Medizinwissenschaft der Antike, auf Diagnose und Therapie enorme Fortschritte hervorbrachten, kam frischer Wind in die Medizin Europas.

Unternehmensführung, eine junge Disziplin

Die Wurzeln der Wissenschaft und des Berufsstands, um die es im Folgenden gehen wird, reichen erheblich weniger weit zurück als die der medizinischen Heilslehren im Mittelalter. Die Geschichte der Betriebswirtschaft und die seiner praktischen Ausprägung, also von Unternehmensführung oder Management, beginnt als Breitenphänomen erst im Industriezeitalter. Sie umspannt lediglich rund 100 Jahre. Ihre Wissenschaft und Praxis gleichen jedoch in vielerlei Hinsicht dem Stand der Medizin im Mittelalter. Eine Befürchtung, die auch in den Managementwissenschaften selbst existiert: Niemand Geringerer als Peter F. Drucker, einer der Überväter des sogenannten »modernen Managements«, stellte konsterniert fest: »Das meiste von dem, was wir Management nennen, erschwert es den Menschen, ihrer Arbeit nachzugehen.«

Das wirft Fragen auf. Sind Managementpraxis und Betriebswirtschaft ein Komplex irriger Glaubenssätze, Dogmen und Praktiken? Ist Unternehmensführung in weiten Teilen bis heute nichts weiter als vorwissenschaftliche oder wissenschaftsferne Scharlatanerie? Was, wenn die viel beklagten Phänomene des Kostenmanagements und der Restrukturierungsmaßnahmen mit umfassenden Entlassungswellen nichts weiter als hilflose, unter Umständen tödliche Abwandlungen des Aderlasses wären? Was, wenn Unternehmensberatung *McKinsey-style* nichts anderes als Schröpfung wäre? Was, wenn man die meisten Managementgurus unserer Zeit tatsächlich als Quacksalber brandmarken könnte und müsste? Was, wenn die Anwendung von Wissen aus Fallstudien, aus einem Studium der Betriebswirtschaftslehre (BWL) oder einer MBA-Ausbildung oder auch die Übernahme sogenannter *Best Practices* in Organisationen eine heilende Wirkung auf dem Niveau von Wallfahrt oder Stoßgebeten entfalten würde – sie also vor allem selbstverstärkende Wirkung auf existierende Glaubensgebäude erzeugen würde? Was, wenn Unternehmensplanung, Strategie und Budgetierung nicht mehr als schamanistische Rituale leisten würden?

Was wäre, wenn *Management by Objectives*, Zielvereinbarung, Leistungsindikatoren, betriebswirtschaftliche Analytik, Kostenrechnung und Anreizsysteme dem Versuch der Wiederherstellung der Körpersäfte mit Kräuterheilung oder Klistieren entsprechen, sie aber zur Erzeugung oder Steigerung von Leistung und Ergebnisse gar nichts beitragen könnten, sondern diese nur behindern würden? Wenn heutige Forschung in der BWL die Mythenbildung eher noch verstärkt, als sie aufzulösen imstande wäre? Wenn Unternehmenspraktiken wie Mitarbeiterbeurteilung, Personalentwicklung, Führungstrainings, Team-Building-Maßnahmen, Risikomanagement und ISO-Zertifizierung, Unternehmenspolitiken, Vision Statements und Organigramme denen der Inquisition glichen – wenn sie also, statt der Förderung von Effektivität oder Eigentümerwert *(shareholder value)* zu dienen, eher Mittel von Gewaltausübung sind, die Angst und Schrecken, Schmerz und Qual verbreiten?

Management ist eine Optimierungsideologie, deren einziges und erklärtes Ziel die Steigerung von Effizienz ist. Unter den impliziten und expliziten Beschränkungen dieser Ideologie leiden heute Arbeit, Menschen, Wertschöpfung – bis hin zu Gesellschaft und Kapitalgebern. Anders gesagt: Management hat sich zu einem gesellschaftsfeindlichen Dogma der Verbesserung entwickelt. Zugleich ist es aber bis heute der Standard der Unternehmensführung. Management ist über alle Maßen erfolgreich gewesen. Und nicht nur das. Management wurde zu einer der einflussreichsten Sozialtechnologien aller Zeiten. Seine Ideologie hat Einzug sogar in andere, arbeitsferne Sphären unserer Lebensgestaltung gehalten. Mit Folgen: Müßiggang im klassischen Sinn ist den meisten von uns eher fremd geworden. Stattdessen optimieren wir unsere Freizeit nach den Prinzipien der Arbeitsgestaltung und Unternehmensführung. Managementhafte Effizienzsuche im Umgang mit der Freizeit und Identität ist uns heute mehr als externer Zwang. Es ist innere Verpflichtung.

Taylorismus oder die Ursuppe unseres Dogmas von Arbeit und Organisation

Das war nicht immer so. Als das moderne Management erfunden wurde, in der Blütezeit des Industriezeitalters, schloss es erst einmal bedeutsame gesellschaftliche Lücken. Die Industrialisierung hatte – zunächst in Großbritannien, später in Nordamerika und ganz Mitteleuropa – eine ganz neue Kategorie von Großunternehmen hervorgebracht. Zunächst in der textil- und landwirtschaftlichen Produktion, dann in Branchen wie der Elektrizitäts-, der Eisenbahn- und Schifffahrtswirtschaft sowie in der Stahlproduktion, später auch der Automobilproduktion. Zum ersten Mal in der Menschheitsgeschichte wurde es möglich, mithilfe standardisierter, industrialisierter Massenproduktion und Massendistribution die Komplexität weitgehend aus der Wertschöpfung zu verbannen – Produktion sozusagen »dumm« zu machen. Etwas, das den Manufaktur- und Handwerksbetrieben der vorindustriellen Ära unmöglich gewesen war. Die neuen Technologien der Dampfmaschine, Mechanisierung, Elektrifizierung und später der Fließbandarbeit legten das Fundament für diese Entwicklung.

Die neuen Großunternehmen besaßen eine Kaste von Berufstätigen, die es bis dato nicht gegeben hatte: die professionellen »Manager«, die meist über eine technische oder Ingenieurausbildung verfügten und nun die industrielle Massenproduktion organisierten – mit den Mitteln der Ingenieurwissenschaften, aber auch des neu aufkommenden Rechnungswesens. Das Problem: Der neu entstandene Beruf des Managers genoss trotz seiner weiten Verbreitung ein geringes gesellschaftliches Ansehen. Er hatte weder eine formelle noch eine wissenschaftliche Daseinsberechtigung. Er verfügte weder über Ausbildungen noch über Institutionen, die für ihn eintraten. Es gab sie eben, die Manager. Mehr aber auch nicht.

In diese Lücke stießen Vordenker wie der französische Unternehmer und Vollblutmanager Henri Fayol oder der amerikanische Erfinder, Effizienzfanatiker und beratende Ingenieur Frederick Winslow Taylor.

Dabei gebührt vor allem Taylor das Verdienst, Management als Sozial-technologie zur Organisation kollektiver Wertschöpfung im Industrie-zeitalter, vulgo »Arbeit«, erstmals quasi-wissenschaftlich untermauert und damit konzeptionell verortet zu haben. Ohne ihn und seine 1911 erschienenen *Principles of Scientific Management* sind sowohl die durch-schlagende Verbreitung von Management als auch die heutige Krise der Unternehmensführung nicht nachvollziehbar. Vordergründig machte der Ingenieur und Berater Taylor vor allem durch seine Bewegungs-studien *(motion studies)* und Methoden zur Effizienzsteigerung in der Industrieproduktion von sich reden – und wurde damit noch zu Leb-zeiten zu einer Art Wirtschaftssuperstar. Im Kern jedoch revolutio-nierte Taylor unsere Vorstellung von Arbeit durch die bedingungslose Ausrichtung auf Effizienz und durch das dahinter liegende Prinzip der Teilung auf dreierlei Art: in personeller, zeitlicher und funktionaler Hinsicht.

Management oder der Kreuzzug der Optimierung

Das Kernprinzip des tayloristischen Systems, das später als *Tayloris-mus* bezeichnet wurde, ist die strikte, personelle Teilung zwischen Denkenden und Handelnden in der arbeitsteiligen Organisation. Das tayloristische System erhob die mangelnde Ausbildung und Bildung der breiten Arbeiterschaft um 1900 einfach zur Doktrin: Anstatt Ar-beiter zu bilden oder, wie im Manufaktur- oder Handwerksbetrieb, aufwendig zu Meistern zu qualifizieren, wurde das Denken aus dem Produktionsprozess verbannt. Das Denken solle »mindestens eine Hierarchieebene« über der eigentlichen Fabrikarbeit angeordnet statt-finden, so die Idee. Arbeiter wurden so – freiwillig oder unfreiwillig – vom Denken befreit. Sie konnten dank tayloristischer Methode als Mensch-Maschine eingesetzt oder nach Belieben ausgetauscht werden. Die Arbeiter in ihrer Rolle als quasi Roboter zu optimieren war der Zweck hierarchischer Teilung.

Das zweite Prinzip der Teilung im Taylorismus war eine Konsequenz des ersten: Mittels Standardisierung – Taylor und seine Schüler sprachen vom *One Best Way*, dem »einen besten Weg«, den es aufzuspüren, zu beschreiben und vorzuschreiben galt – sollte es möglich werden, das Denken auch in zeitlicher Hinsicht von der Ausführung zu entkoppeln. Manager planten für die Arbeiter, Arbeiter führten aus, ohne dass die Manager selbst vor Ort sein mussten. Die Planung konnte zu jedem beliebigen Zeitpunkt stattfinden. Dank Detailvorschriften und Kontrollen konnten nicht denkende Arbeiter sich jederzeit ganz auf den Dienst nach Vorschrift konzentrieren. Den *One Best Way* und dessen Einhaltung, fortan immer weiter zu optimieren, war der Zweck der Standardisierung.

Das dritte, wiederum mit den ersten beiden zusammenhängende, tayloristische Teilungsprinzip brachte die heute aus der Arbeitsorganisation kaum noch wegzudenkende funktionale Differenzierung hervor. War der Meister im Handwerk und in der Manufaktur noch ein Könner des gesamten Wertschöpfungsprozesses gewesen, machte Taylor die Meister im Industriebetrieb zu Funktionsmeistern oder Supervisoren. Sollten nämlich hierarchische Teilung und Standardisierung zur Meisterschaft gebracht werden, musste die Arbeit in wiederholbare Stücke zerlegt werden. Das war die Geburtsstunde von Funktionsbereichen wie Arbeitsvorbereitung, Logistik, Instandhaltung, Einkauf, Qualität und vielen mehr, die sukzessive aus dem Produktionsprozess herausgetrennt und ihrerseits standardisiert und gemanagt werden konnten. Es reichte künftig, wenn einzelne Funktionsmeister oder Supervisoren als Spezialisten über Dinge wie »Produktionsplanung« nachdachten – und nicht mehr über alle Funktionen gleichermaßen. Jede so entstandene Funktion oder Abteilung konnte nun ihrerseits optimiert und verbessert werden. Das war der Zweck der funktionalen Teilung.

Ein willkommener Nebeneffekt: Manager wurden im Handstreich als denkende Götter einer nicht denkenden, fortan quasi per Fernsteuerung kontrollierbaren Arbeiterschaft zu einem echten Berufsstand erhoben – dem Zeitgeist des Industriezeitalters entsprechend vollständig rational erklärbar und verwissenschaftlichungsfähig. Endlich bekamen die gerade frisch aus dem Boden gestampften *Business Schools* – deren erste war 1908 an der Harvard University gegründet worden – Lehrstoff, ja Lehrfutter für ihre Studenten in den Klassenräumen. Und auch wenn Taylor zeitlebens selbst kokett dagegen wetterte: Der Methodenkasten tayloristischen Managements konnte jetzt standardisiert, weitergegeben, gelehrt und institutionell verankert werden. ISO-Zertifizierungen, Six-Sigma-Programme, Anwesenheitskontrollen, strategische Analysen, Plan-Ist-Abweichungskontrollen und Hunderte andere Management-Tools sind direkte Abkömmlinge des Taylorismus. Sie sind allesamt Variationen des gleichen Themas.

Die Wahl des Terminus *scientific* indes erwies sich als genialer Marketingkniff für tayloristisches Management. Ausgewählt nicht von Taylor selbst, sondern von seinen Anhängern bei einem legendären Arbeitstreffen im Jahr 1908 war der Begriff von Anfang an reiner Etikettenschwindel.

Das Konzept strotzte nur so vor Pseudowissenschaftlichkeit. Taylors vermeintliche Potenzialanalysen fußten auf erfundenen Zahlen. Seine Erfolgsgeschichten waren buchstäblich reine Erfindung, die angeblich bei seinen Kunden erwirtschafteten Einsparungen pure Behauptung. Als Fälscher seiner eigenen *case studies* sowie als Berater, der schier unglaubliche Verbesserungen versprach, wahrhaft astronomische Honorare verlangte, seine *Associates* die Arbeit vor Ort machen ließ, der jedoch nicht im Geringsten für die beim Kunden erzielten Ergebnisse verantwortlich zu machen war, während er selbst zurückgezogen der Verbreitung seiner Ideologie nachging, entwickelte er quasi im Alleingang die Grundlagen des Geschäftsmodells für eine später milliardenschwere, globalisierte Branche: die Unternehmensberatung.

Die Managementbegründer zu Taylors Zeiten und in der Folge – Taylor selbst verstarb bereits 1915 als gebrochener und von einem US-Untersuchungsausschuss gedemütigter Mann, was dem Erfolg seiner Methoden aber keinen Abbruch tat – bedienten sich vorhandenen newtonschen und kartesianischen Gedankenguts und zudem bewährter Ideen aus der Führung von Kirchen und Militärorganisationen. Neuartig waren am Management also nicht die philosophischen Grundlagen, sondern vielmehr die praktische Übertragung bereits bekannter Dogmen auf die Industrieproduktion einerseits und die zu den Nöten der aufstrebenden Industriekonzerne passende Erhebung des Effizienzgedankens zu einer strengen Quasi-Religion andererseits. In Taylors Welt war Verbesserung auf Zeit und Bewegung ausgerichtet. Immer etwas besser werden, immer etwas schneller, immer etwas billiger – das war das Motto des Taylorismus, das zu den neu entstehenden, weiten und trägen Märkten des Industriezeitalters wie ein Maßanzug passte.

Die Revolution frisst ihre Kinder ... nicht!

Was Taylor auf dem Buchumschlag zu seinen *Principles* versprochen hatte, wurde wahr – wenn auch erst nach seinem Tode. Taylor hatte der Welt vollmundig eine »Revolution« durch die Anwendung seiner Methoden versprochen. Er sollte recht behalten. Management tayloristischer Prägung wurde ein Hit. Es trug erheblich dazu bei, dass den Unternehmen der industriellen Ära geradezu märchenhafte Effizienzzuwächse beschert wurden und dass beispielsweise die ungeheure Produktionsausdehnung im Zusammenhang mit dem durch die beiden Weltkriege ausgelösten Nachfrageschub überhaupt möglich wurde. Eine historische Entwicklung, die vor allem den aufstrebenden USA zugutekam.

Es mangelte jedoch nie an kritischen Stimmen zum Taylorismus. Charles Chaplins filmisches Meisterwerk *Modern Times*, in dem Chaplin sich über die Entfremdung des Industriezeitalter-Arbeiters von seiner Arbeit lustig macht und ihn als verständnisloses Rädchen in der Maschine darstellt, war selbstredend nur ein Rädchen dieser Kritik. Selbstverständlich waren den meisten von Chaplins gebildeten Zeitgenossen die Inhumanität tayloristischen Managements und dessen Unvereinbarkeit mit den Idealen der Aufklärung und der aufkommenden demokratischen Bewegung bewusst. Die amerikanischen Gewerkschaften hatten das *scientific management* zunächst verbittert bekämpft. Die Managementtheoretikerin Mary Parker Follett, eine Zeitgenossin Taylors, forderte, dass Wertschöpfung viel stärker aus Teamstrukturen hervorgehen müsste, und plädierte für eine hierarchiefreie Arbeitsorganisation, für ein stärker beziehungsorientiertes Managementverständnis und eine Rückintegration von Macht in die Arbeit. Damit war Follett ihrer Zeit jedoch um viele Jahrzehnte voraus.

Die Geschichte des Managements selbst ist eine Geschichte ständiger Optimierung, der Ergänzung und des Ausbaus des Methodenkastens tayloristischer Prägung. Dies geschah, ohne dass im Laufe der letzten 100 Jahre Taylors Prinzipien personeller, zeitlicher und funktionaler Teilung jemals ernsthaft auf breiter Front infrage gestellt worden wären. Die Human-Relations-Bewegung um Figuren wie Elton Mayo gab dem Taylorismus ab den 1930er-Jahren einen menschlicheren Anstrich und machte Personalmanagement zur Therapieveranstaltung – ohne den patriarchalischen Charakter von Management zu unterwandern.

Die Technokratiebewegung um Taylor-Schüler Henry Gantt, den Berater James McKinsey oder den Mathematiker und selbst ernannten Marketingexperten Igor Ansoff erweiterten den Managementwerkzeugkasten um Methoden wie die Projekt- und Unternehmensplanung und deklarierten die Budgetsteuerung zum Heiligen Gral unter den Managementkonzepten. Die Strategiebewegung der 1970er-Jahre um Gurus wie Michael Porter, Bruce Henderson von Boston Consulting Group und – welche Ironie! – Peter F. Drucker selbst schließlich machten strategische Steuerung und *Management by Numbers* zur Domäne übereifriger Analytiker, praxisentrückter MBA-Absolventen und Technokraten. Sie alle verfeinerten mit ihren Instrumentarien den Taylorismus immer weiter und verliehen dem Management die Stammwürze.

Derweil entfernte sich die Betriebswirtschaftslehre und Managementpraxis immer weiter von anderen sozialwissenschaftlichen Disziplinen wie Philosophie, Psychologie und Verhaltenswissenschaften. Komplexitätstheorien wie die Systemtheorie, die Chaostheorie oder die Kybernetik waren mit der Managementlehre sichtbar unvereinbar – der mechanistische Theoriehintergrund und der letztlich patriarchalische Geist des Taylorismus machten eine Annäherung unmöglich. Die Motivationsforschung der 1950er- und 1960er-Jahre um Forscher wie Frederick Herzberg, Douglas McGregor oder Abraham Maslow, dessen fünfstufige Bedürfnispyramide breite Bekanntheit erlangte, förderte zwar überraschende Ergebnisse zutage, machte sie doch deutlich, dass im Menschen weitaus mehr drinsteckte, als konventionelles Management das vorsah. Beispielsweise der Impuls zur Selbstentfaltung oder allgemeiner die dem Menschen innewohnende, intrinsische Motivation. Der Mensch als auch bei der Arbeit schöpferisches Wesen, das Lust bei der Arbeit nicht nur sucht, sondern sie gleichsam finden muss. Diese Irritation führte zu breiter Diskussion in Managementtheorie und -praxis. Sie stand mit *command-and-control*, also der Organisation per Weisung und Kontrolle, in Konflikt, führte aber keineswegs zum eigentlich grundlegenden, sichtbaren Umdenken in der Personalmanagementpraxis oder im Führungsverständnis führender Unternehmen.

Vielleicht war die Motivationsforschung die vorerst letzte Episode, in der die Wissenschaft der Unternehmensführung sich fundamental und disziplinenübergreifend mit anderen Wissenschaften auseinandersetzte. Im weiteren Verlauf der Managementgeschichte fand kaum mehr ein ernsthafter Kontakt mit anderen Wissenschaftszweigen statt. Gerade die betriebswirtschaftliche akademische Forschung im deutschsprachigen Raum vergrub sich in Detailfragen und technokratischen Scheindebatten. Herzbergs Feststellung beispielsweise, dass Geld letztlich nicht motiviert, nicht motivieren kann, sondern stets nur demotiviert, wird immer wieder zitiert und wiedergegeben. Sie erscheint aber angesichts der existierenden Anreiz- und Vergütungssysteme in Unternehmen (gerade im Bankwesen) und angesichts der Personalmanagementausbildung an Hochschulen und in Trainings als geradezu weltfremde Beharrung mit Tendenz zur Ketzerei.

Management heute
oder die Mechanik zwangsoptimierten Misserfolgs

Die Brüchigkeit von Management indes begann bereits in den 1960er- und 1970er-Jahren offenbar zu werden. Vordenker wie Peter F. Drucker in den USA und Charles Handy in Europa begannen von der bevorstehenden Dominanz der Wissensarbeit und der neuen Klasse der Wissensarbeiter zu schreiben und riefen – vergebens – zu einer zweiten Revolution in der Unternehmensführung auf.

Das Produktivitäts- und Qualitätswunder bei Toyota und das sogenannte »japanische Phänomen« stellten kurz danach die Grundfesten westlicher Industrieproduktion infrage. Der Westen reagierte zunächst fassungslos, später optimierungswütig: Qualitäts- und Prozessmanagementbewegung, Kontinuierliche Verbesserung, *Reengineering* und die Konstituierung der ISO-Zertifizierungsstandards waren einige der Initiativen, die darauf abzielen sollten, Management für die neue Herausforderung fit zu machen.

Der Toyota-Entwicklungsingenieur und Mitbegründer des *Toyota Way* Taiichi Ohno und der in Japan viel beachtete amerikanische Systemtheoretiker W. Edwards Deming hatten in den 1970er-Jahren bereits vehement davor gewarnt, dass sich »wirksames Denken« nicht zu Tools und Methoden »kristallisieren« dürfe, weil jenes Denken dabei unweigerlich erstarre und unwirksam werde. Es nutzte alles nichts: *Lean, Kaizen, Kanban, Just-in-Time* und Dutzende anderer Praktiken und Teilkonzepte von Toyota wurden unnachgiebig zu Tipps, *Tools, Best Practices* und Beratungsprodukten verdichtet, zusammengestampft, verdummt und verpflanzungsfertig gemacht. Im Hamsterrad der Optimierung. Dabei hätte man so viel von Toyota lernen können!

Die Krux der Betriebswirtschaft: Anders als in der Medizin, Physik oder den Naturwissenschaften werden überkommene, obsolete Theorien und Methoden nicht automatisch durch neuere, leistungsfähigere abgelöst. Newtons Schwerkrafttheorie, formuliert in seinem Gravitationsgesetz von 1686, die wiederum auf der Vorarbeit Keplers beruhte, wischte alle vorangegangenen Theorien über das Phänomen des freien Falls hinweg – darunter die von Aristoteles. In der Unternehmensführung fehlen diese Klarheit und ein effektiver Wettbewerb der Theorien, Glaubenssätze und Ideen. Viele Praktiker wähnen sich gar theoriefrei – eine bizarre, geradezu abergläubische Haltung. Die damit verwandte »Sowohl-als-auch«-Beliebigkeit ist ebenfalls verbreitet, sogar esoterische Erklärungsmuster und offensichtlich vordemokratische Praktiken der Unternehmensführung werden kaum hinterfragt und gelten als salonfähig, insbesondere in den vermeintlich »soften« Bereichen von Personalwirtschaft, Teams, Motivation, Führung und Veränderung.

In den meisten Unternehmen führt das heute effektiv zu einem Verbot des intelligenten Zweifelns. Schnell wird die Hinterfragung des Status quo, werden Dissens und Meinung als Zumutung interpretiert, die in Marginalisierung und Diffamierung der Andersdenkenden münden kann (gerne als *Mobbing* bezeichnet), oder aber in inquisitorische Hexenverbrennung oder Pfählung (Kündigung beziehungsweise Freisetzung). Zwar halten sich einzelne Großkonzerne zuweilen intelligente Narren und verweisen stolz darauf. Hinter diesem Phänomen darf aber eher eine weitere Variante des Effizienzgedankens vermutet werden. Die Folge: *group think*. Denkstillstand. Hirntod. Der durch Mitarbeiterbefragungen oder das Ausbleiben von Innovation nur mehr attestiert werden kann.

Derartige Auflösungserscheinungen sind offenbar typisch für einen Übergangzeitraum zwischen Epochen. Es ist darum auch kein Zufall, dass sich viele Unternehmen heute von den Unternehmensberatungen des 20. Jahrhunderts zur Ader gelassen und geschröpft sehen. Deren Methoden sind vorwissenschaftlich, gestrig und im heutigen Kontext im günstigsten Falle wirkungslos. Inzwischen findet sich jedoch für fast alles eine vermeintliche Managementdisziplin und -methodik. Gemanagt wird auch das, was sich bei näherer Betrachtung gar nicht steuern, planen, kontrollieren, also managen lässt. Dazu gehören Dinge wie Qualität, Wachstum, Risiko, Kunden sowie deren Zufriedenheit, Unternehmenskultur, Innovation, Reputation, Veränderung oder Kosten. Denn es hält sich zwar hartnäckig der Mythos, Kosten könne und müsse man planen, kontrollieren, steuern und dergleichen. Fakt ist jedoch, dass Kosten lediglich buchhalterisches Abbild von Arbeit, Wertschöpfung und Verschwendung sind und dass sie sich damit – ähnlich einem Schatten – der direkten Einflussnahme entziehen. An Kosten lässt sich nicht arbeiten – wir können sie nur beobachten. Arbeiten sollten wir an der Arbeit selbst, an der Effektivität der Wertschöpfung und an der Bekämpfung von Verschwendung. Die Kosten erinnern uns daran, dass wir mit dieser Arbeit niemals fertig sind.

Für das systematische Versagen von Managementdenken und tayloristisch geprägter Unternehmensführung gibt es einen triftigen Grund: die Renaissance marktlicher Komplexität im postindustriellen Zeitalter. Management entstand in einer historischen Ausnahmesituation, Taylor und seine Zeitgenossen boten hierfür die ideale Lösung. Management war als eine auf Effizienzsteigerung im Industriezeitalter angelegte Wertschöpfungstechnologie passgenau für die unternehmerischen Herausforderungen in trägen, monopolistisch-oligopolistischen Märkten angelegt. In dieser Art von Markt ist mechanistisch organisierte Optimierung nicht nur leistungsfähig, sondern durchaus ausreichend. Diese historische Ausnahmesituation endete jedoch nach und nach in der zweiten Hälfte des 20. Jahrhunderts – mit Öffnung und Globalisierung der Märkte sowie der Rückkehr stark kundenindividueller und zugleich wettbewerbsintensiver Nachfrage. Damit kehrte zurück, was es im Manufakturzeitalter bereits gegeben hatte, wenngleich unter anderen gesellschaftlichen und technologischen Bedingungen: die Dominanz von Komplexität in der arbeitsteiligen Wertschöpfung.

Heute dominieren enge, dynamische und wettbewerbsintensive Märkte, in denen neben ständigem Effizienzzuwachs auch kritische Erfolgsfaktoren wie überdurchschnittliche Kundennähe, Innovationsfähigkeit, Qualität und Ertragsstärke eine Rolle spielen. Es geht darum, überlegene Wertschöpfung und Wirkung zu erzeugen – nicht mehr nur darum, kontinuierlich stets etwas besser zu werden. Für den Umgang mit dieser Komplexität jedoch sind hierarchische Weisung und Fremdkontrolle, ist die mechanistische Steuerung ungeeignet.

Die Systemtheorie bringt dieses Problem auf den Punkt, indem sie scheinbar lapidar konstatiert, dass zentralistische Steuerung unter zunehmender Marktdynamik kollabiert, ja kollabieren muss. Komplexe Märkte und Wertschöpfung sind das Ende modernen Managements. Mit defizitären Mitarbeitern, ungenügenden Führungskräften oder mit Widerstand gegen Veränderung hat das nichts zu tun. Auch die beste Führungskraft oder neue Tools können dieses Problem nicht lösen – selbst wenn wir heroische Manager oder neue Tools noch so sehr zu Allzweckwaffen verklären möchten, so wie zu Zeiten Molières und des Sonnenkönigs der Einlauf als selbstverständliches Allheilmittel galt.

Am Beispiel der Ideologie des Prozessmanagements, einer durch ISO-Zertifizierung popularisierten und weitverbreiteten Methode, lässt sich die Problematik gemanagten Kaputtoptimierens und Totverbesserns anschaulich zeigen.

Das Ziel des Prozessmanagements ist die Dokumentation und Vorgabe standardisierter Prozesse für die Mitarbeiter – ganz dem tayloristischen Dogma der hierarchischen Teilung zwischen Denkenden und Handelnden entsprechend. Mitarbeiter und Kunden sollen sich dem Diktat der effizienzgetrimmten Prozesse beugen – und nicht umgekehrt.

Standardisierte, fremdoptimierte und fremdkontrollierte Prozesse können jedoch nur solche Vorgänge abbilden und sichern, die auch tatsächlich standardisierbar – also vorhersehbar, beschreibbar und beherrschbar sind. Das jedoch ist in der Realität des unternehmerischen Alltags, in dem Wertschöpfungsprozesse immer vielfältiger und varientenreicher werden, immer weniger der Fall. Standardisiert man die Prozesse dennoch, verdrängt man den wahren Prozess auf die Hinterbühne des Organisationsgeschehens. Die Realität wird zum Tabu. Zudem untergräbt die Fremdkontrolle durch Standards und Prozessvorgabe die Verantwortungsübernahme durch Mitarbeiter – und steht damit letztlich einer Weiterentwicklung und Verbesserung im Weg. Gemeinsame Arbeit am System und von allen geteilte, unternehmerische Verantwortung sieht anders aus.

Unterdessen haben sich viele managementerfahrene Führungskräfte vom scheinbaren Erfolg des bisherigen Standards verführen lassen. Die Behauptung, dass auch gemanagte Organisationen erfolgreich sein können oder sind – die Existenz »erfolgreicher« Unternehmen belege das –, ist ein vermeintliches Killerargument der Managementbewahrer. Das sich schnell als Irrtum entpuppt.

Der Standard wird zum Opfer seiner eigenen Dominanz: Da Erfolg relativ ist, lässt sich relativer Misserfolg gemanagter Organisationen nur dann leicht beobachten, sobald ein posttayloristischer Wettbewerber gegen traditionell gemanagte antritt. Erst im jahrzehntelangen Leiden der amerikanischen Automobiltitanen, das durch Toyota und Honda ausgelöst wurde, traten das Unzeitgemäße hierarchischer Weisung und Kontrolle in der produzierenden Industrie sowie die Überlegenheit der Wiedervereinigung von Denken und Handeln in allen Teams eindrucksvoll zutage. Die Frage, die sich Unternehmer und Manager heute stellen müssen, lautet entsprechend nicht: Lässt sich Management noch irgendwie besser machen? Sondern: Wann kommt der *tipping point*? Und darüber hinaus: Will ich mich dem heute stellen?

Komplexitäts- und menschengerechtes Denken für die Renaissance der Führung

Niemand hat die Herausforderung für die notwendige Zeitenwende, vor der die Unternehmensführung heute steht, besser ausgedrückt als Albert Einstein. Er sagte, man könne Probleme nicht mit dem gleichen Denken lösen, das die Probleme selbst hervorgebracht habe. Aufgrund dieses Dilemmas ist es aussichtslos, mit tayloristischem Repertoire echte Verbesserung oder Veränderung für eine komplexe Marktwelt erzeugen zu wollen. Das Managementdenken, wie es die meisten von uns erlernt und sich angeeignet haben, liefert bestenfalls Methoden, die vorgeben, zu den Symptomen zu passen. Es liefert aber nicht problemadäquate Werkzeuge, mit denen sich die Wurzeln von Problemen selbst behandeln oder Problemursachen auflösen lassen. Auch deshalb lehrt die Erfahrung der meisten Führungskräfte, Manager, Geschäftsleute und Veränderungsexperten, dass Veränderung immer schwer ist und Kraft erfordert. Dass man überzeugen, Betroffene wahlweise »abholen« oder widerwillig »zu Beteiligten machen« muss, dass man herunterbrechen, ausrollen, überzeugen und letztlich immer Macht einsetzen muss. Es sind Bilder und Glaubenssätze aus dem Gedankengebäude hierarchisch-bürokratisch-funktionalen Weisungs- und Kontrollmanagements. Sie repräsentieren selbst jenes Denken über Organisationen, das Teil des Problems ist.

Dieses Denken ist verankert in einem im Industriezeitalter üblichen, in unserer Gesellschaft inzwischen offiziell verpönten, aber in unseren Köpfen und im Management weiterhin dominanten oder zumindest tolerierten Menschenbild, demzufolge Menschen dumm, faul und träge sind – und folgerichtig mittels Angst und Anreizen zu Arbeit und Leistung gezwungen oder *ver-führt* werden müssen. Douglas McGregor gab diesem Menschenbild, das eigentlich nichts anderes ist als ein hartnäckiges Vorurteil über andere Menschen, Anfang der 1960er-Jahre in seinem epochalen Werk *The Human Side of the Enterprise* den Namen »Theorie X«. Keine Wissenschaft der Welt, so McGregor, keine anekdotische Evidenz sei jemals in der Lage gewesen oder werde jemals in der Lage sein, die Existenz auch nur eines einzigen X-Menschen nachzuweisen. Er sollte recht behalten. Dennoch lebt der Theorie-X-Mythos in unseren Köpfen fort, und er ist eine der Barrieren, vielleicht die wichtigste Barriere, die der Abkehr vom Management im Wege steht. Denn Management bezieht seine Daseinsberechtigung aus diesem Vorurteil über die Natur des Menschen. Es lebt von der Suche nach der besten Führungskraft, dem besten Kandidaten, der Verbesserung des Mitarbeiters durch – natürlich! – den Vorgesetzten. Notfalls mit Gewalt. Im Management geht es darum, den arbeitenden Menschen zu verbessern, nicht aber die Bedingungen.

Der Führungsbegriff wurde im Verlauf der vergangenen 100 Jahre ebenfalls mythologisiert, durch die Einordnung unter Management oder die Gleichsetzung damit entstellt und bis hin zur kompletten Bedeutungslosigkeit aufgebläht. Davon, wie Leistung mit und zwischen Menschen entsteht, haben Organisationen heute folglich überwiegend ein mechanistisches Verständnis. Damit packen wir das Problem jedoch an der ganz falschen Stelle an. Was nämlich, wenn die sogenannte Führungsaufgabe nichts mit Arbeit am Menschen zu tun hätte, sondern vielmehr mit disziplinierter Arbeit am System der Arbeitserbringung? Wenn Führung von Arbeit mit und zwischen Menschen handeln würde, nicht von Arbeit unter Managern? Wenn Führung eigentlich die Wiedervereinigung von Denken und Handeln zum Inhalt hätte?

Wir benötigen einen neuen Werkzeugkasten für Führung und Veränderung – oder besser: ein machtvolleres, komplexitätsrobustes Denken und dazu passende Denkwerkzeuge. Dabei müssen wir das Rad gar nicht neu erfinden. Denn ähnlich wie die Medizin im Mittelalter verfügen wir glücklicherweise über »altes Wissen«, über eine quasiverschollene Weisheit, über Können und Wissenschaft. Damit diese in der Praxis nutzbar werden – und darum geht es ja –, bedarf es der Befreiung von den Dogmen der Industriezeitalter-Vergangenheit.

Beispiel Managementausbildung: Sie ist bis heute fast ausschließlich durch tayloristische Prinzipien und Werte des Industriezeitalters geprägt und basiert fast durchgängig auf einem unwissenschaftlichen, obsoleten Menschenbild, auf irrigen Vorstellungen über Marktkomplexität sowie auf Taylors Dreifaltigkeit der Teilung: funktional (deutlich sichtbar am Fächer- und Disziplinenkanon), hierarchisch (sichtbar am heroisierten Führungsverständnis und den Instrumentarien der Fremdkontrolle) sowie zeitlich (erkennbar am Instrumentarium organisationaler Planwirtschaft).

Kein Zweifel: Managementlehre und -ausbildung befinden sich international auf dem Niveau der Medizin zu Zeiten des Mittelalters und glänzen allenfalls durch Mangel an zeitgemäßer, wissenschaftlicher Untermauerung und Lehrmethodik. Was Organisationen im 21. Jahrhundert bräuchten, wird in der Ausbildung nicht angeboten – von einigen, ganz wenigen Ausnahmehochschulen wie der Zeppelin Universität in Friedrichshafen oder der Rotman School of Business in Toronto abgesehen. Das Wissen aber, das der Ausbildungs- und Hochschulbetrieb heute verfügbar macht, will natürlich auch weiterhin eingesetzt werden. So perpetuiert sich der bereits seit einigen Jahrzehnten obsolete Status quo.

Eine Quelle alternativen Wissens und Erfahrung sind hingegen diejenigen Pionierorganisationen posttayloristischer Prägung, die bislang oft als Paradiesvögel und erfolgreiche Ausnahmeunternehmen galten, von denen man jedoch als traditionell gemanagte Organisation vermeintlich wenig lernen konnte. Toyota ist ein eindrucksvolles, bekanntes und ebenso oft missverstandenes Beispiel. Andere außerordentlich erfolgreiche Ausnahmeunternehmen dieser Art sind Southwest Airlines, W. L. Gore, Nucor, Whole Foods, Trisa, dm-drogerie markt, Hengeler Mueller, Egon Zehnder International, Svenska Handelsbanken und HCL, oder in jüngerer Zeit Google und Zappos. Diese und andere Unternehmen führen sich in einer Weise, die die meisten Unternehmen irgendwann in ihrem Evolutionsprozess verlernt haben: ganz ohne Management.

In Organisationen ohne Management bedarf es freilich auch anderer, neuer Fähigkeiten – im Business-Lingo *Skills* genannt. Im Mittelalter begab man sich in die Obhut von Quacksalbern oder der Kloster-medizin. Hospitäler wurden von den Klöstern betrieben. Mönche und Nonnen verfügten über grundlegende Kenntnisse zur Heilwirkung von Kräutern oder Heilpflanzen. Mit der Verwissenschaftlichung der Medizin bedurfte es gänzlich anderer Fähigkeiten und Tätigkeiten wie der Forschung – Leonardo da Vinci beeinflusste die medizinischen Fortschritte der Renaissance erheblich –, der Bekämpfung der Kur-pfuscherei bei gleichzeitiger Institutionalisierung des neuen Berufs-stands des Arztes, der sich anderer Methoden bediente. Was also wird künftig zur Heilung oder Erhaltung der Lebensfähigkeit von Organi-sationen gebraucht? Um Leiden, Schwäche und Not in Unternehmen zu lindern? Einige der Grundlagen der neuen Betriebswirtschaft treten bei näherer Betrachtung recht deutlich hervor.

Zweifellos werden Komplexitätstheorien und -denken eine bedeu-tende Rolle in der Neuzeit der Organisationen spielen. Daraus ergibt sich das Handwerk des systematischen Arbeitens an komplexen Sys-temen, wie Organisationen es nun einmal sind, was Theoriebildung und disziplinierte Anwendung erfordert. Damit wird die Entstehung tiefen Wissens darüber möglich, wie Organisationen wirklich funktio-nieren, wie Leistung entsteht und wie informelle und Wertschöpfungs-strukturen wirken. Ein weiterer Grundpfeiler der Zeitenwende wird ein zeitgemäßes Verständnis menschlicher Natur und menschlicher Zusammenarbeit sein – dem »Miteinander-füreinander-Leisten«. Hier geht es um die Fähigkeit, Teams und Organisationen so zu führen und zu verändern, dass sie hohe Anpassungsfähigkeit haben oder bewah-ren können, dass sie Können und Fähigkeiten unter der Bedingung der Unterschiedlichkeit kombinieren, nutzen und entwickeln. Tiefes Verständnis der komplexen Funktionsweisen von Menschen, Teams und Organisationen sind hierfür erforderlich. Hierzu können Wissen und Denkwerkzeuge aus der Philosophie, Psychologie, Soziologie und anderer Sozialwissenschaften wertvolle Beiträge leisten. Auch die Be-triebswirtschaft kann als Reservoir relevanten Wissens für die neue Ära nutzbar gemacht werden, immer dort, wo es um eher marktwirtschaftlich-unternehmerisches Methodenrepertoire geht statt der im tayloristisch geprägten Management gebräuchlichen planerisch-büro-kratischen Methoden, die man in ähnlicher Form auch in der stalinistischen Planwirtschaft vorfand.

Optimierung als Anpassung an bestehende Zustände führt leicht dazu, tradierte Glaubenssätze zu erhalten. Der Zeitenwechsel, den die Märkte in den letzten Jahrzehnten vollzogen haben, hat eine im Vergleich zum Industriezeitalter hohe Komplexität in der Wertschöpfung mit sich gebracht. Diese wiederum erzwingt nun einen Zeitenwechsel in der Unternehmensführung. Reine Verbesserung reicht unter diesen Bedingungen nicht mehr aus: Wenn sich die Zustände verändert haben, hilft nur noch tief greifende Veränderung, also die Erarbeitung neuer, gelebter Glaubenssätze und die Entwicklung neuen Könnens.

Optimierung bedeutet in einer Zeit wie dieser Anpassung an dramatisch andere Umstände und damit ernsthafte Transformation. Ähnlich wie andere unserer gesellschaftlichen Systeme, die ihren Aufstieg und ihre Blüte im Industriezeitalter vollzogen – unsere existierenden Modelle der Altersversorgung, Gesundheitssystem, Steuersystem, Schulsystem und Bildungswesen, unser Umgang mit Arbeit und Arbeitslosigkeit –, ist die managementbasierte Unternehmensführung ausgereizt, ausgelutscht und längst nicht mehr verbesserungsfähig. Sondern echt reformbedürftig. Dass wir den Reformbegriff im Zusammenhang mit dem Verbesserungswesen der letzten Jahrzehnte allerorten verschlissen haben, ändert nichts an der Tatsache.

Jörn Müller-Quade
Mitten ins geheim
Wie die Kryptografie mit geheimen Daten umgeht,
ohne Geheimnisse preiszugeben

Optimierungsverfahren der Informatik werden in naher Zukunft die Infrastrukturen der Energieversorgung, die Verkehrsinfrastrukturen und die Informationsnetze intelligenter machen und damit drängende gesellschaftliche Probleme lösen oder mildern. Es herrscht längst interdisziplinäre Einigkeit: Nachhaltiges Wachstum ist nur durch intelligentere Ressourcennutzung möglich. Allerdings ergibt sich durch diese intelligenten Infrastrukturen ein Spannungsfeld. Um Optimierung zu ermöglichen, müssen wir persönliche Daten in den Optimierungsprozess eingeben. Damit Ressourcen optimiert werden können, sollte man zum Beispiel von jedem Reisenden das Reiseziel kennen, man sollte wissen und steuern können, wann Kühlschränke kühlen, oder von jedem Nutzer eines Elektromobils vorhersagen können, welches seine nächste Fahrt ist, damit möglichst viel von der Batteriekapazität für die Optimierung eingeplant werden kann. Das Dilemma ist klar: Je mehr persönliche Daten preisgegeben werden, desto besser die Resultate, aber desto mehr müssen wir von unserer Privatsphäre aufgeben. Die optimale Lösung muss folglich nicht die beste sein.

Denn steuernde, intelligente Systeme können unsere Entscheidungsfreiheit einschränken. Was ein Nutzer dann merkt, wenn etwa die Batteriekapazität seines Autos nicht für die spontane Fahrt ausreicht. Man kann das allerdings nicht mit den Nebeneffekten vergleichen, welche die Optimierung auf den Datenschutz oder auf die prinzipielle Angreifbarkeit von Systemen hat. Diese Nebeneffekte werden häufig erst bemerkt, wenn es zu spät ist und Schaden entstanden ist. Eine optimale Lösung ist nur in einer idealisierten Welt optimal. Sie kann für die reale Welt zu komplex sein, um beherrschbar zu bleiben, und dadurch angreifbar oder missbraucht werden.

Dieser Essay will nicht einfach nur warnen und auf ein Spannungsfeld hinweisen, über das schon viel publiziert wurde. Nein, er will einen Lösungsansatz aufzeigen. Denn die moderne Kryptografie geht weit über das bloße Verschlüsseln von Daten hinaus und bietet Verfahren, mit denen auf geheimen Daten gerechnet (optimiert) werden kann, ohne dabei Geheimnisse offenlegen zu müssen. Somit macht die moderne Kryptografie scheinbar Unmögliches möglich, und solange man die dahinterliegenden mathematischen Kniffe nicht kennt, erscheint einem vieles, was moderne Kryptografie leistet, wie Magie. Trotzdem bietet die Kryptografie erst einmal nur einen Lösungsansatz, und es wird eine größere, interdisziplinäre Anstrengung nötig sein, die gesellschaftliche Notwendigkeit des Optimierens und den Schutz der Gesellschaft zu vereinen.

Optimieren der Energieversorgung

Beispiel Energieversorgung: Ein Ziel künftiger optimierter Energieversorgung ist nicht nur das Energiesparen, sondern insbesondere das gezielte Verbrauchen, wenn Energie verfügbar ist. Erneuerbare Energien, wie Windstrom oder Solarstrom, fallen nämlich unregelmäßig an, und wir müssen unseren Energieverbrauch an die Verfügbarkeit anpassen und nicht, wie bisher, die Verbrauchskurve mit Kraftwerken nachfahren. Gelingt dies, könnten wir dereinst in virtuellem Überfluss leben.

Die Erfassung und Steuerung von Energieverbrauch könnte folglich die Energieproblematik erheblich entschärfen. Leider steht diese Optimierung aber genau in dem bereits geschilderten Spannungsfeld. Die Steuerung gelingt umso besser, je mehr wir an Privatsphäre aufzugeben bereit sind. Das Problem dahinter: Verbrauchsdaten lassen viele private Details erkennen. Inzwischen gelingt es sogar, an hoch aufgelösten Verbrauchsdaten zu erkennen, welche Sendung im Fernsehen geschaut wird.

Dies erscheint auf den ersten Blick nicht bedenklich, denn wer sollte sich für solche privaten Details schon interessieren? Die Vorstellung ist aber zu kurz gedacht. Es gibt nicht nur die offensichtliche Bedrohung, dass Stromverbrauchsdaten für Einbrecher interessant sind, die am Verbrauch sehen können, welche Wohnungen unbewohnt sind. Nein, man kann über Verbrauchsdaten auch auf den Gesundheitszustand, das Arbeitsverhältnis, eine Partnerschaft und den Lebenswandel schließen. Dies sind hochsensitive Informationen, deren Bekanntwerden die Freiheit und Selbstbestimmung von Menschen bedroht. Allein die Möglichkeit der öffentlichen Bloßstellung schränkt Menschen ein. Stromverbrauchsdaten sind überdies auch für die Wirtschaftsspionage von Interesse, weil Maschinenlaufzeiten und Prozessabläufe sichtbar werden, mit denen ansonsten geheime Wirtschaftsdaten abgeschätzt werden können.

Intelligente und steuerbare Energieverteilnetze und Verbraucher machen zukünftige Versorgungsinfrastrukturen komplex und angreifbar. Die Steuerungsrechner werden zugänglicher, und Sicherheitslücken in Computersystemen erlauben es Angreifern, Teile der Infrastruktur zu kontrollieren. So kann beispielsweise ein synchrones Einschalten oder Ausschalten vieler Verbraucher zu Stromausfällen führen.

Die wirtschaftlichen Schäden, die über solche Störungen angerichtet werden können, machen sie für Wirtschaftssabotage relevant. Diese Bedrohungen sollen indes hier nicht weiterverfolgt werden, da sie nicht im Spannungsfeld von Optimierung und Privatsphäre stehen. Optimierung und Schutz vor Sabotage scheinen nicht unvereinbar.

Verkehrsoptimierung

Ein weiteres Dilemma: Staus wären oft vermeidbar. Eine intelligente Verkehrsplanung könnte für reibungsfreien Verkehr sorgen, wenn wir bereit sind, dafür private Daten preiszugeben. Zum Beispiel unser Fahrziel, unsere zeitliche Flexibilität oder den Betrag, den wir für die Verkehrsverbindung zu zahlen bereit sind.

Berücksichtigt man neben dem Automobil andere Formen der Fortbewegung, wie Züge oder Fahrgemeinschaften, so ergeben sich aus Sicht der Informatik hochinteressante multimodale Optimierungsprobleme, für welche die bestmöglichen Optimierungsverfahren Gegenstand der Forschung sind. Es ist aber schon jetzt klar, dass sehr feingranulare Verkehrsinformationen benötigt werden, wenn Engpässe verlässlich vermieden werden sollen.

Stellt sich die Frage: Ist es denn überhaupt so geheim, wer wohin fährt? In gewisser Weise ja. Denn wie beim Energieverbrauch können Verkehrsdaten auf Lebensgewohnheiten schließen helfen, deren (mögliches) Bekanntwerden unsere Handlungsfreiheit einschränkt. Auch sind Verkehrsdaten für die Wirtschaftsspionage von Interesse. Es gab schon Fälle, dass eine Firma einen bestimmten Leihwagen verlangt hat, um den Speicher des Navigationsgeräts auszulesen und so Informationen über die Kunden einer Konkurrenzfirma zu bekommen.

Für das Geheimhalten von Verkehrsdaten gibt es aber ein prinzipielles Problem. Ist überhaupt schützenswert, was prinzipiell auch beobachtet werden könnte – wie das Verkehrsgeschehen, Autos und Nummernschilder? Hier muss man den Unterschied von Einzelbeobachtungen und der Fähigkeit zur Massenüberwachung erkennen. Beim Schutz privater Daten geht es häufig nicht um eine simple Schwarz-Weiß-Sicht, sondern um Skalierungseffekte, die den Unterschied zwischen einem neugierigen Nachbarn und einem Überwachungsstaat ausmachen.

Cloud Computing und optimierte Ressourcenausnutzung

Daten können mit Lichtgeschwindigkeit transportiert werden. Dadurch spielt es keine Rolle, wo die Daten gespeichert oder verarbeitet werden. Dies liefert ein enormes Potenzial für optimierte Ressourcenausnutzung. Daten können gespeichert werden, wo ausreichend Platz ist, und verarbeitet werden, wo freie Rechenkapazitäten verfügbar sind. Da für den Nutzer nicht mehr klar und für die Nutzung auch gar nicht wichtig ist, wo die Daten sind, spricht man von Cloud Computing, als wären die Daten in irgendeiner Wolke.

Zusätzlich zu einer optimierten Ressourcenausnutzung eröffnet Cloud Computing ein großes Maß an Flexibilität, weil Ressourcen leicht an den jeweiligen Bedarf angepasst werden können. Die Cloud ist elastisch, und man muss keine neue Rechenanlage kaufen, um einen kurzfristig unerwartet hohen Bedarf zu decken, sondern kann sie beliebig dazumieten. Dies erlaubt es, Geschäftsmodelle auszuprobieren, bevor man größere Summen investiert. Cloud Computing führt auch zu einer größeren Bequemlichkeit, weil man von überall über die jeweils aktuelle Version seiner Daten verfügt und die Software vom Anbieter automatisch aktuell gehalten wird, insbesondere, wenn die Software nicht mehr lokal läuft, sondern als Service in der Cloud ausgeführt wird.

Das Einsparungspotenzial, die Flexibilität und die größere Bequemlichkeit führen dazu, dass Cloud Computing künftig für die Nutzung von Informationstechnologien zum Standard werden wird. Obwohl viele Anwendungen durch die professionelle Unterstützung der Cloud-Ressourcen sicherer werden und das Anbieten von Software als Service die Software vor Raubkopien schützt, liegt auch Cloud Computing in dem Spannungsfeld, bei dem die Preisgabe privater Daten an einen Cloud-Anbieter mit der Möglichkeit des Optimierens verbunden ist.

Virtualisierte Ressourcen

Informationen über Ressourcennutzung und die Möglichkeit, den Ressourceneinsatz zu planen und zu steuern, sind ebenso wertvoll wie reale Ressourcen. Durch intelligente Infrastrukturen können freie Kapazitäten verschoben und genutzt werden, als wären sie real zusätzlich vorhanden. Sogar eigentlich beschränkte Ressourcen scheinen über die Einschränkungen hinaus nutzbar. Man spricht von einer Virtualisierung der Ressourcen. So folgen zukünftige Infrastrukturen einem Vorbild, das man aus der Informatik schon länger kennt. In Computern werden Prozessoren reihum zeitweise verschiedenen Programmen zur Verfügung gestellt, und Speicherinhalte werden nur vorgehalten, solange sie benutzt werden, sonst aber auf langsamere Massenspeicher ausgelagert. Dadurch werden Prozessoren und Speicher virtualisiert, und jedes Programm scheint über ausreichende eigene Ressourcen zu verfügen.

Sind Ressourcen nur zeitweilig knapp, wie Verkehrskapazitäten oder erneuerbare Energien, so kann die Virtualisierung dieser Ressourcen zu einem scheinbaren Überfluss führen. Allerdings bedarf es dabei immer der Planung und Steuerung auf der Basis von privaten Daten.

Big Data

Wie wertvoll Daten sind und wie stark Optimieren und Privatsphäre in Konflikt geraten können, sieht man, wenn große Datenmengen systematisch analysiert werden. So hat Google demonstriert, dass die zeitliche Verteilung von Suchanfragen nach Schnupfen oder Medikamenten verlässlich Rückschlüsse auf eine Erkältungswelle erlaubt. Genauso können Trends, etwa über das unerwartet häufige Auftreten bislang seltener Wortkombinationen, und die wirtschaftliche Entwicklung einer Region anhand von Produktanfragen präzise vorhergesagt werden.

Da ein Wissensvorsprung Geld wert sein kann, bezeichnet man Daten auch als das neue Öl.

Gerade dass Korrelationen von Daten wichtige Informationen enthalten können, zeigt, wie schwierig es zu beurteilen ist, welche Daten sensitiv sind. Eine große Menge von Daten, die jeweils für sich genommen nicht wichtig erscheinen, können Informationen über Lieferketten, Firmenstrategien oder sogar über die politische Willensbildung verraten.

Dass Korrelationen in großen Datenmengen bisher unbekannte Zusammenhänge aufdecken können, ist beispielsweise auch für die Medizin wichtig. Gelänge es nämlich, große Mengen an Medizindaten zu sammeln und zu analysieren, würden Nebenwirkungen oder Medikamentenwechselwirkungen deutlich, die bisher verborgen sind. Kein Arzt hat genug Patienten, um bestimmte Regelmäßigkeiten zu entdecken.

Neue Erkenntnisse können Leben retten, indem man den Medikamenteneinsatz optimiert. Da medizinische Daten offensichtlich hochsensitiv sind, entsteht wieder das Spannungsfeld zwischen dem Preisgeben privater Daten und dem Nutzen von Optimierung. Gerade weil das Ziel der Optimierung hier so wichtig ist, muss eine Lösung für das Paradox gefunden werden.

Kryptografie ist wie Magie

Ein Lösungsansatz für die Entparadoxierung bietet die Kryptografie. Viele verbinden sie mit Verschlüsselungsmaschinen, wie der Enigma, deren strukturelle Schwächen den Alliierten im Zweiten Weltkrieg kriegsentscheidende Vorteile brachten. Das systematische Brechen der Enigma-Verschlüsselung ist eine der Geburtsstunden der wissenschaftlichen Kryptografie.

Kryptografische Verfahren werden heute alltäglich eingesetzt, wenn etwa Bezahlvorgänge im Internet abgesichert werden oder geprüft wird, ob ein Software-Update unverfälscht ist. Die moderne Krypto-grafie geht weit über die bloße Verschlüsselung von Nachrichten hin-aus. Und erlaubt, wie im Folgenden mit einfachen Beispielen belegt wird, ein Optimieren auf geheimen Daten, ohne diese offenzulegen.

Wie viel Zeit verbringt eine Schulklasse mit Hausaufgaben?

Ein einfaches Beispiel soll veranschaulichen, wie optimiert werden kann, ohne dass private Daten bekannt werden. Ein Lehrer will (für eine spätere Optimierung) die durchschnittliche Anzahl von Minuten ermitteln, welche die Schüler für die Hausaufgaben verwenden. Direkt gefragt, geben die Schüler natürlich nicht immer ehrliche Antworten, da lange Hausaufgabenzeiten eher für schwache Leistungen sprechen oder geringe Zeiten für die Hausaufgaben einen in der Klasse unbe-liebt machen könnten.

Trotzdem gibt es eine Möglichkeit, die durchschnittliche Zeit zu ermitteln, ohne dass ein einzelner Schüler seine Zeit bekannt geben muss: Der Lehrer stellt die Schüler im Kreis auf, und ein Schüler denkt sich eine absurd große Zahl aus, die er zu der Anzahl Minuten ad-diert, die er täglich mit Hausaufgaben verbringt. Das Ergebnis flüstert er seinem rechten Nachbarn ins Ohr. Dieser addiert seine Hausauf-gabenzeit und flüstert das Ergebnis weiter, bis der letzte Schüler im Kreis sein Ergebnis dem ersten Schüler flüstert. Der zieht die absurd große, ausgedachte Zahl wieder ab und kann dem Lehrer die Summe der Minuten angeben, welche die ganze Klasse für Hausaufgaben auf-bringt. Teilt man diese durch die Anzahl der Schüler, erhält man die durchschnittliche Hausaufgabenzeit, ohne dass ein einzelner Schüler ein Geheimnis preisgegeben hat.

Geht man davon aus, dass die Schüler dem Protokoll ehrlich folgen und nicht mehr als ein Schüler versucht, mehr als den Durchschnitts-wert zu erfahren, so ist dieses Verfahren sicher. Das Problem kann sogar dann noch gelöst werden, wenn sich einige Schüler nicht an das

Protokoll halten oder mehrere Schüler versuchen, gemeinsam mehr als den Durchschnittswert zu erfahren. Diese aufwendigeren Verfahren lassen sich nicht in wenigen Zeilen erklären, aber das Beispiel lässt schon erahnen, dass ein Rechnen auf geheimen Daten zwar kontraintuitiv, aber nicht unmöglich ist.

Sichere Mehrparteienberechnungen

Die Verallgemeinerung des Hausaufgabenbeispiels sind die sogenannten *sicheren Mehrparteienberechnungen*. Zuerst betrachtet wurden sie im Jahr 1982 von Andrew Yao. Er formulierte das legendäre Millionärsproblem, bei dem zwei Millionäre gemeinsam ausrechnen wollen, wer von ihnen reicher ist, ohne dass mehr über ihren Reichtum bekannt wird, als welche Person die reichere ist.

Allgemeiner gesagt ist eine sichere Mehrparteienberechnung ein kryptografisches Protokoll, bei dem mehrere Parteien jeweils geheime Eingaben machen und ein Ergebnis, das von diesen Geheimnissen abhängt, so berechnet werden soll, dass Parteien durch das Protokoll nicht mehr erfahren, als sowieso aus ihren eigenen geheimen Eingaben und dem Ergebnis gefolgert werden kann. Zusätzlich kann kein Zusammenschluss von Parteien das Ergebnis stärker verändern, als dies durch ein Ändern ihrer eigenen Eingaben möglich gewesen wäre. Man sieht leicht, dass das obige Protokoll zur Berechnung der durchschnittlichen Hausaufgabenzeit diesen Ansprüchen noch nicht genügt. So könnte zum Beispiel ein Schüler von der ihm zugeflüsterten Zahl etwas abziehen und damit den Durchschnittswert kleiner machen, kleiner, als dadurch selber gar keine Hausaufgaben zu machen. Dass kryptografische Verfahren auch gegen solche aktiven Mogelversuche sicher gemacht werden können, ist erstaunlich, und es ist eines der großen Ergebnisse der Informatik, dass für alle Ergebnisse, die aus geheimen Eingaben errechnet werden können, eine sichere Mehrparteienberechnung möglich ist.

Eine sichere Mehrparteienberechnung kann man sich als eine vertrauenswürdige Autorität vorstellen, der jede Partei ihre geheime Eingabe flüstert und die dann das Ergebnis ausrechnet. Dank moderner Kryptografie ist dies auch ohne eine vertrauenswürdige Autorität möglich. Kryptografie erlaubt es also, gemeinsam auf verteilten Daten zu rechnen, ohne zu irgendeiner Instanz bedingungsloses Vertrauen haben zu müssen. Insbesondere kann jede Optimierungsaufgabe gelöst werden, ohne sensitive Daten preiszugeben.

Warum werden dann diese Verfahren nicht eingesetzt? Ein Grund sind die häufig geringe Effizienz dieser Verfahren und die höheren Kosten, die solche Verfahren, etwa zur Entwicklungszeit, verursachen. Dies scheint aber überwindbar. Computer ebenso wie die Verfahren der Kryptografie werden zusehends effizienter, und höhere Kosten sind durch das verringerte Risiko, den erhöhten Datenschutz und die damit verbundene höhere Handlungsfreiheit mehr als gerechtfertigt. Der wahre Grund ist jedoch, dass die Möglichkeiten der modernen Kryptografie noch nicht bekannt genug sind. Ein weiteres Hindernis ist die juristische Sichtweise auf kryptografische Verfahren. Damit sichere Mehrparteienberechnungen mit sensitiven Daten als ein eigenständiges datenschutzrechtliches Grundprinzip anerkannt werden, muss der Schutz durch Verschlüsselung einen ähnlichen Stellenwert bekommen wie der Schutz durch Datensparsamkeit oder durch schnelles Löschen.

Die Aussage, dass für jedes Ergebnis, das auf geheimen Eingaben errechnet werden kann, ein sicheres Mehrparteienprotokoll existiert, gilt selbst dann, wenn das Ergebnis zufällig sein soll. Selbst ein gerechtes Auswürfeln ist also zwischen sich misstrauenden Parteien möglich, wie das nächste Beispiel zeigt.

Fairer Münzwurf via Telefon

Zwei Parteien, meist werden sie Alice und Bob genannt, sind nur über Telefon verbunden und können sich in einer Streitfrage nicht einigen. Als optimale Lösung erscheint ihnen ein fairer Münzwurf. Natürlich ist es nicht akzeptabel, dass einer von beiden die Münze wirft und dem jeweils anderen mitteilt, wer gewonnen hat. Auch ein Protokoll, bei dem viele Nachrichten ausgetauscht werden, scheint unmöglich, denn eine Nachricht im Protokoll ist die letzte, die das Ergebnis (den Münzwurf) beeinflusst, und der, der diese Nachricht sendet, müsste den Münzwurf doch zu seinen Gunsten beeinflussen können. Trotz der scheinbaren Unmöglichkeit gelang es Manuel Blum im Jahr 1982, eine Lösung anzugeben. Zuerst beschreiben wir das Protokoll, als ob beide Parteien ein Telefonbuch haben, in dem sie einen Telefonbucheintrag leicht über einen gegebenen Namen finden können, es aber nicht schnell möglich ist, nach einer gegebenen Telefonnummer zu suchen. Als nächsten Schritt ersetzen wir das Telefonbuch durch eine kryptografische Primitive.

Alice wählt zufällig einen Eintrag im Telefonbuch und gibt Bob die zugehörige Telefonnummer. Bob rät nun, ob der Telefonbucheintrag in der ersten Hälfte des Telefonbuchs liegt oder nicht. Rät Bob richtig, gewinnt er. Ansonsten hat Alice gewonnen. Nachdem Bob geraten hat, gibt Alice ihm die genaue Position des Telefonbucheintrags und Bob überprüft die Nummer.

Da Bob nicht schnell ein ganzes Telefonbuch durchsuchen kann, ist seine Einschätzung unabhängig von der (zufälligen) Position des Telefonbucheintrags, den Alice gewählt hat, und die Wahrscheinlichkeit zu gewinnen oder zu verlieren ist 50 Prozent. Anstelle eines Telefonbuchs kann man eine spezielle Verschlüsselung verwenden (ein sogenanntes *Bit Commitment*). Diese Verschlüsselung verbirgt den Klartext, solange sie nicht entschlüsselt wird, und der verschlüsselte Klartext kann nur auf eine eindeutige Weise entschlüsselt werden. In einem Bit-Commitment-Verfahren sieht das Protokoll wie folgt aus: Alice wählt ein zufälliges Bit b und schickt Bob ein Bit Commitment auf dieses Bit. Bob wählt ein zufälliges Bit b' und schickt es an Alice. Alice entschlüsselt das Bit Commitment. Wenn die Bits gleich sind, gewinnt Bob, sonst Alice.

Schutz privater Daten

Das Rechnen auf privaten Daten, ohne dabei Geheimnisse preiszugeben, löst viele Probleme der datenschutzkonformen Optimierung. Sollen aber die Ergebnisse einer Berechnung auf privaten Daten bekannt gemacht werden, stellt sich die Frage, ob dies die Privatsphäre verletzt. Ob beispielsweise Ergebnisse, die irgendwelche Durchschnittswerte sein könnten, trotzdem Rückschlüsse auf einzelne Personen erlauben. Besonders kritisch ist dies beim Auswerten von Medizindaten. Man will die Erkenntnisse über neue Zusammenhänge öffentlich machen und gleichzeitig die Anonymität der Patienten wahren.

Um dieses Dilemma aufzulösen, bedarf es noch intensiver Forschung. Das simple Löschen der Patientennamen ist nicht ausreichend, da viele andere Merkmale eine Person eindeutig kennzeichnen können. Es gibt sehr viele Methoden zur Anonymisierung privater Daten, etwa das Ersetzen von Namen, das Einordnen von Gehaltszahlen in grobe Intervalle oder das Verrauschen von Daten. Es ist trotzdem noch nicht erforscht, welches Maß der Anonymität dabei erreicht wird, ob man etwa Rückschlüsse auf einzelne Personen durch eine gegebene Methode ausschließen kann.

Datensparsamkeit oder die Forderung nach einer möglichst zeitnahen Löschung personenbezogener Daten sind, gerade im Bereich medizinischer Daten, nicht immer der optimale Kompromiss zwischen der Nutzbarkeit der Daten und dem Schutz privater Informationen. Daher versucht man Anonymität, beispielsweise für Datenbanken, ein Stück weit messbar zu machen. Für eine Zahl k, beispielsweise $k = 100$, spricht man von k-Anonymität, wenn jede Information, die aus einer

Datenbank extrahiert werden kann, auf mindestens k Personen zutreffen könnte, die in dieser Datenbank enthalten sind. Obwohl dieses Verstecken in der Menge eine sehr intuitive Anonymitätsgarantie darstellt, ist der Begriff sehr problematisch. Schon der Zugriff auf zwei jeweils für sich genommen k-anonyme Datenbanken kann Rückschlüsse auf einzelne Personen erlauben, egal wie groß die Zahl k ist.

Ein neuerer Anonymitätsbegriff, die sogenannte *Differential Privacy*, hat diese Schwierigkeiten nicht. Kombiniert man verschiedene Informationsquellen, so verschlechtert sich dieses Maß der Anonymität immer nur graduell, und es kommt nicht zu einem schlagartigen Zusammenbruch aller Anonymität. Leider ist dieser neue Begriff nur sehr eingeschränkt verwendbar. Das Verrauschen von Daten, die insbesondere Zahlen sein müssen, ist die einzige Anonymisierungsmethode, über die dieser neue Begriff überhaupt Aussagen machen kann. Das Ersetzen von Namen beispielsweise würde niemals Differential Privacy erreichen, obwohl es in vielen Fällen eine sehr sinnvolle Anonymisierungsmethode ist.

Aber auch in diesem Bereich deutet die moderne Kryptografie eine Lösung an. Ein neuer Trend in der Anonymisierung nimmt sich ein Vorbild an der dortigen wissenschaftlichen Arbeitsweise. Das heißt, man definiert abstrakte, präzise Modellwelten, in denen man dann analysieren kann, welche Anonymisierungsmethoden welche Anonymitätsbegriffe nachvollziehbar erfüllen. Die häufig sehr unscharf geführte Diskussion um den Schutz privater Daten kann dadurch aufgeteilt werden: in eine mathematisch präzise Analyse von Anonymitätsmethoden und die Diskussion darüber, welche Modellwelten realistisch genug sind, um die Ergebnisse auf die reale Welt übertragen zu können.

Kameraüberwachung

Ein Bereich, den man nicht sofort mit Optimierung in Verbindung bringt, obwohl auch hier das Ziel eine Verbesserung der Lebensumstände sein kann, ist die Überwachungstechnik. Sie soll hier kurz aufgegriffen werden, da im Umfeld von Kameraüberwachung oder Vorratsdatenspeicherung das Spannungsfeld von Nutzen versus Datenschutz besonders stark ausgeprägt ist.

Ein Beispiel: Im Umfeld von Alters-WGs oder Krankenhäusern könnte eine intelligente Kameraüberwachung Leben retten. Aufmerksamer als jeder Mensch können intelligente Kameras darüber wachen, ob ein Patient hingefallen ist oder ein Unbefugter sich in die Infektstation verirrt hat. Doch gerade im Umfeld privater Wohngemeinschaften und von Krankenhäusern wären die anfallenden Überwachungsdaten hochsensitiv.

Ein Lösungsansatz sind intelligente Kameras, die mit einer eingebauten Bildverarbeitung Notfälle erkennen und Alarm geben können, die aber den Videostrom selbst nur verschlüsselt ausgeben. Verschlüsselt auf eine Weise, dass nicht einmal der Hersteller der Kamera, sondern nur beispielsweise ein Richter später die Videodaten wieder entschlüsseln kann. Die dieser Idee zugrunde liegende kryptografische Technik, die sogenannte Public-Key-Verschlüsselung, gibt es schon seit den 1970er-Jahren. Ähnlich, wie jeder ein Vorhängeschloss schließen, aber nur der Besitzer des Schlüssels das Schloss wieder öffnen kann, gibt es in der Kryptografie öffentliche Schlüssel, mit denen jeder eine Nachricht verschlüsseln kann, die aber nur entschlüsseln kann, wer den zugehörigen geheimen Schlüssel hat. Wird nun der öffentliche Schlüssel eines Richters in die Kamera eingebaut, so kann man die Videodaten auf eine Weise verschlüsselt abspeichern, dass nur dieser Richter sie wieder entschlüsseln kann.

Genau dieselbe Technik könnte auch im Kontext der Vorratsdatenspeicherung helfen. Trotzdem spielt dieser technisch denkbare Kompromiss bislang keine Rolle in dieser Diskussion. Dies hat zwei Gründe.

Eine solche Sicherheitsinfrastruktur würde zusätzliche Kosten verursachen, die Kosten der Vorratsdatenspeicherung werden aber bislang alleine von den Telekommunikationsanbietern getragen. Außerdem ist der datenschutztechnische Vorteil des verschlüsselten Abspeicherns im Gegensatz zu einer verschlüsselten Übertragung juristisch noch nicht fassbar.

Will man mehr Daten aus einer Analyse von Videodaten erhalten als nur ein Alarmsignal im Notfall, stellt sich wieder die prinzipielle Frage, wann Daten tatsächlich keinen Rückschluss mehr auf einzelne Personen zulassen. Gerade bei Videodaten ist diese Frage noch schwieriger zu beantworten als bei einer Datenbankanonymisierung, da mathematisch präzise Begriffe häufig fehlen oder gar unmöglich erscheinen. Maße etwa dafür, inwieweit man Menschen auch dann noch wiedererkennen kann, wenn man sie grob verpixelt darstellt, weil etwa die Gangart noch erkennbar ist. Vielleicht werden anonymisierte Videodaten in Zukunft computergenerierte Szenen sein, die das Wesentliche der Videoanalyse darstellen, aber ansonsten völlig neu generiert sind, um keine darüber hinausgehenden individuellen Merkmale mehr zu enthalten.

Warum gehen trotzdem Dinge schief?

Obwohl die moderne Kryptografie scheinbar Unmögliches schafft, hören wir dennoch täglich von Sicherheitsvorfällen und Datenskandalen. Es stellt sich also die Frage, warum trotz moderner Sicherheitstechnik ständig Dinge schiefgehen. Kurz gesagt passiert dies, weil bei Sicherheitsanalysen häufig nicht das gesamte System, sondern nur Teile davon betrachtet werden, weil Fehler gemacht werden und weil Sicherheit nicht »komponiert«. Das heißt, die Kombination von für sich genommen sicheren Systemen kann unsicher werden.

Für diese letzte, sehr unintuitive Eigenschaft der Sicherheit ebenfalls ein Beispiel. Die EC-Karte erlaubt an einer Ladenkasse zwei Arten der

Zahlung. Entweder wird eine Zahlung über eine geheime vierstellige PIN freigegeben oder durch eine Unterschrift auf dem Kassenbeleg bestätigt. Ohne die PIN oder die Unterschrift darf keine Zahlung erfolgen. Jedes einzelne Bezahlverfahren kann als relativ sicher angesehen werden, da es schwierig ist, eine PIN, deren Gültigkeit auf einem Chip auf der EC-Karte geprüft wird, richtig zu raten, und es schwierig ist, Unterschriften zu fälschen. Die Sicherheitslücke, die Forscher aus Cambridge bei EC-Karten fanden, bestand auch nicht darin, dass eines der beiden einzelnen Verfahren unsicher war, sondern darin, dass das Terminal an der Kasse und die EC-Karte die Wahl zwischen beiden Verfahren hatten. So könnte ein Angreifer mit einer gestohlenen EC-Karte, deren PIN er nicht kennt, bezahlen, indem er die EC-Karte über ein Kabel mit einer Kartenattrappe verbindet. Die Kartenattrappe hängt nun im Kommunikationskanal zwischen der echten EC-Karte und dem Kassenterminal. Die Kartenattrappe startet eine Zahlung mit PIN beim Terminal. Der echten EC-Karte wird aber suggeriert, die Zahlung wurde per Unterschrift bestätigt. Kommt nun die Anfrage vom Terminal, ob die PIN korrekt ist, antwortet die echte EC-Karte mit einer nicht fälschbaren positiven Bestätigung, da aus ihrer Sicht sowieso per Unterschrift gezahlt wird. Diese Bestätigung leitet die Kartenattrappe an das Terminal weiter, was zu einer Überweisung des Geldbetrags führt. Obwohl jedes Bezahlverfahren für sich sicher war, bestand das Problem darin, dass zwischen Terminal und EC-Karte Uneinigkeit bestehen kann, welches der beiden Verfahren gerade verwendet wird. Die Kombination zweier für sich sicherer Verfahren ist unsicher geworden.

Dieses Beispiel zeigt nicht nur, dass Sicherheit im Allgemeinen nicht komponierbar ist, sondern es macht deutlich, dass eine Analyse der Teile eines Gesamtsystems niemals ausreichen kann. Verschiedene Teile und verschiedene Teilaspekte eines komplexen Gesamtsystems werden aber von unterschiedlichen Fachdisziplinen betrachtet. Daher kann die Sicherheit eines Gesamtsystems nur durch interdisziplinäre Anstrengung gewährleistet werden.

Interdisziplinäre Sicherheitsforschung

Die Lösung des Spannungsfelds, also das Vereinbaren von Optimierungsverfahren und dem Schutz privater Daten, kann also nur in einer interdisziplinären Anstrengung gelingen. Obwohl die Teildisziplinen der Informatik einen sehr hohen Grad an Raffinesse und beeindruckende Ergebnisse erzielt haben, fehlt noch eine gemeinsame Basis. Nötig ist eine gemeinsame Sprache, damit sich die Teildisziplinen nicht nur irgendwie ergänzen, sondern jede Sicherheitsgarantie, die eine Disziplin gibt, in den anderen Disziplinen verwendet werden kann. Bisher benutzen zwar alle Disziplinen das Wort Sicherheit, meinen aber bisweilen sehr verschiedene Dinge damit. Im Folgenden soll auf einige Teildisziplinen kurz eingegangen werden, um darzustellen, dass diese Schnittstellen zwischen den Disziplinen noch fehlen.

Die Kryptografie liefert Lösungsansätze, die paradoxe Anforderungen vereint, aber die Kryptografie liefert keine fertigen Systeme. Insbesondere vernachlässigt die Kryptografie den gesamten Softwareentwicklungsprozess und geht davon aus, dass alle ehrlichen Parteien völlig fehlerfreie Software benutzen. Leider bestehen komplexe Informatiksysteme aber aus Millionen von Programmzeilen, die nicht völlig fehlerfrei sein können. Durch das Ausnutzen solcher Fehler kann man Computer dazu bringen, eingeschleuste Programme auszuführen, die dann, weil Computer frei programmierbar sind, beliebiges bösartiges Verhalten zeigen können.

Das Software-Engineering als die Fachdisziplin des systematischen Entwurfs und der Qualitätskontrolle von Software versucht Fehler zu vermeiden. Der Maßstab dafür ist unter anderem eine Anforderungsanalyse für das zu entwickelnde System. Häufig sind die Sicherheitsanforderungen zu Beginn des Entwicklungsprozesses aber noch nicht klar, und so wird Sicherheit häufig erst sehr spät betrachtet. Quasi nachgerüstet. Was aber noch schlimmer ist: Für Softwareingenieure und Kryptografen existiert bisher keine gemeinsame Sprache. Die Qualitätsgarantien des Software-Engineerings und die Garantien, die eine kryptografische Sicherheit bieten, können also nicht zusammen-passen.

Die sogenannte Programmverifikation ermöglicht ein hohes Maß an Qualitätssicherung von Software. Mathematische Beweise stellen sicher, dass eine Software das korrekte Eingabe/Ausgabe-Verhalten hat. Fehler scheinen damit völlig ausgeschlossen. Die Eigenschaften, die mathematisch bewiesen werden, betreffen aber meist nur das Verhältnis von Eingabe und Ausgabe eines Programms oder die Abwesenheit von Systemabstürzen. Es ist aber nicht klar, ob die nachgewiesenen Eigenschaften hinreichend sind, um Sicherheit zu garantieren.

Ein Beispiel für eine wichtige Sicherheitseigenschaft, die durch eine Verifikation des Eingabe/Ausgabe-Verhaltens nicht abgedeckt wird, betrifft Fehler im Informationsfluss eines Programms. Angenommen, in einem Programm wird abhängig von einem geheimen Wert eine kürzere oder eine längere Berechnung durchgeführt. Danach wird in diesem Programm die aktuelle Uhrzeit an einer öffentlich zugänglichen Stelle abgespeichert. Das Programm kann völlig korrekt arbeiten, und dennoch hängt die abgespeicherte Uhrzeit von der Programmlaufzeit ab, und diese hängt von einem geheimen Wert ab. Ein Angreifer kann diesen Wert also aus öffentlich zugänglichen Quellen erfahren, obwohl das Eingabe/Ausgabe-Verhalten völlig korrekt war. Um nachzuweisen, dass ein Programm keine Unsicherheiten dieser Art hat, gibt es eigene Methoden. Trotzdem fehlt es den Teildisziplinen an einer gemeinsamen Sprache, und es ist nicht geklärt, welche Eigenschaften zusammen mit einem korrekten Informationsfluss die kryptografische Sicherheit eines Programms garantieren.

Teil der interdisziplinären Anstrengung zur Lösung des Spannungsfeldes im Umfeld der Optimierung muss überdies eine gemeinsame Sprache zu Juristen sein. Kryptografische Lösungen können sich nur durchsetzen, wenn die gesellschaftlichen Normen und die Gesetzgebung diese neuen Möglichkeiten angemessen berücksichtigen. So muss etwa das allgemeine Datenschutzrecht reformiert werden, wenn man zwischen verschlüsselten Daten und Daten im Klartext einen

Unterschied machen will oder die oben diskutierten Lösungsansätze auf schützenswerte Daten anwenden will. Juristen und Informatiker benötigen ein gemeinsames Verständnis, damit Sicherheit für Juristen nachvollziehbar wird, damit sie darüber urteilen können. Ein Beispiel hierfür ist die Verwendbarkeit digitaler Beweise vor Gericht. So muss man beispielsweise ein gemeinsames Verständnis dafür haben, in welchem Maße digitale Unterschriften nachweisen, wer ein Dokument erstellt hat.

KASTEL

Aus dem Dilemma heraus, dass viele Disziplinen Sicherheit erforschen, keiner aber eine Gesamtgarantie abgeben kann, wurde in Karlsruhe ein Kompetenzzentrum für angewandte Sicherheitstechnologie (KASTEL) gegründet, das nicht vorrangig Einzelergebnisse in den verschiedenen einzelnen Disziplinen fördert, sondern Kompetenz bündeln und den interdisziplinären Ansatz voranbringen will. Drei gemeinsame Prototypen sollen entwickelt werden, um die Verständigungsprobleme der Disziplinen klar und konkret zu machen. Erst wenn wirklich konkret wird, was nicht klappt, werden aus der Notwendigkeit gemeinsame Begriffe entstehen.

Die Prototypen haben alle das Spannungsfeld zwischen Optimierung und privaten Daten zum Thema. Ein Smart Home für die Energieverbrauchsoptimierung, eine Cloud-Kollaborationsplattform für eine gemeinsame Dokumenterstellung und eine datenschutzkonforme Kameraüberwachung für Krankenhäuser. Zusätzlich gibt es für jeden Prototyp Anwender, die entscheiden helfen, ob die Sicherheitslösungen überhaupt noch sinnvoll nutzbar sind. Ohne solche Anwender passiert es zu häufig, dass Lösungen gefunden werden, die zwar aus der Anwendung motiviert sind, aber nicht anwendbar.

Das Ziel der gemeinsamen Entwicklung ist nicht vorrangig die Lösung des Problems, sondern die Identifikation von klaren Schnittstellen zwischen den Disziplinen. Insofern kann man dem Kompetenz-zentrum aus wissenschaftlicher Sicht wünschen, dass einiges schief-gehen möge.

Ein hochinteressantes Ergebnis des Projekts wäre es beispielsweise, wenn man die Trennung in die einzelnen Teildisziplinen fachlich und nicht historisch begründen könnte. Vielleicht führen gerade Schnitt-stellen zu anderen Teildisziplinen zu einer Bestärkung und Neube-gründung der einzelnen Disziplinen.

Das Paradoxon entschlüsseln

Der Widerspruch zwischen der notwendigen Optimierung, die Klima und Umwelt schonen soll, und dem Schutz unserer Privatsphäre scheint unauflöslich. Ebenso scheint die Sicherheit, die Kameraüberwachung oder Vorratsdatenspeicherung bieten soll, unvereinbar mit unserer persönlichen Freiheit.

Die moderne Kryptografie erlaubt es, auf geheimen Daten zu rech-nen und zu optimieren, ohne dass dafür Geheimnisse offengelegt wer-den müssen. Dieser Lösungsansatz sollte Eingang in die Diskussion um die Verwendung privater Daten finden und letztlich auch in der Gesetzgebung mitberücksichtigt werden. Die Alternative wäre eine rein auf Vertrauen aufgebaute Infrastruktur, die auch dann noch be-steht, wenn künftige Regierungen oder Firmen unser Vertrauen nicht mehr verdienen.

Die moderne Kryptografie mag als Lösung erscheinen, aber man darf sich nicht täuschen lassen. Um Sicherheit für ein Gesamtsystem zu garantieren, bedarf es einer großen interdisziplinären Anstrengung. Bei Sicherheit wird gerne das Bild bemüht, dass eine Kette nur so stark ist wie ihr schwächstes Glied. Bei der Integration von Sicherheits-garantien einzelner Disziplinen zu einer Gesamtgarantie ist aber noch mehr zu beachten. Hier muss erst einmal sichergestellt werden, dass die Glieder der Kette überhaupt ineinandergreifen.

Gerade jetzt, bevor die intelligenten Infrastrukturen aufgebaut werden, lohnt sich die gemeinsame Anstrengung. Bei einem so wichtigen Thema sollten sich keine schlechteren Lösungen durchsetzen, die unsere persönliche Freiheit unnötig einschränken.

Lydia Rea Hartl
Menschenoptimierung im Netzzeitalter
Betrachtungen einer Baustelle

Der menschliche Körper ist ein Wunderwerk ständiger Eigenarbeit. Er wird ununterbrochen abgedichtet, abgestoßen, ausgebessert. Auftretende Probleme löst die Natur durch Improvisation und Witz, deren Stoff sie uns nicht zur Verfügung stellt, außer wir finden ihn. Zumeist zufällig, denn die Natur konstruiert selbst nicht mit Bedacht: Das vermeintlich Funktionelle ist ein luxuriöser, unökonomischer Vorgang. Unser Gehirn mit seinen unendlichen Möglichkeiten, die wir nie vollständig nutzen, ist ein Beispiel solcher Verschwendungssucht, der kunstvolle Gesang der Vögel ein anderes. Der Kampf gegen die Natur prägt die westliche Erfolgsgeschichte, die den Kreislauf von unberechenbarer exzessiver Verschwendung, Erschaffung und Zerstörung als brutale Kränkung für den Geist betrachtet. Dabei entstand eine tabulose Wegwerfgesellschaft, die sich darauf verlässt, immer wieder neue Strategien zu finden, die ein Wieder-funktionsfähig-Machen des Alten, dem der Geruch von Armut, Nostalgie oder Subkultur anhaftet, überflüssig machen. Weder Klimaveränderungen noch Zerstörung lebenswichtiger Ressourcen wie Wasser, Luft und Erde schrecken die Menschheit nachhaltig.

Der Drang nach Optimierung ergreift auch den Körper, mit dem die Menschen noch nie zufrieden waren – wenn auch die Motive, ihn zu verändern, über die Zeit hin stark variierten. Im Paradox, einen Körper zu haben und gleichzeitig ein Körper zu sein, tut sich die Menschheit schwer, ein Bewusstsein ihrer selbst zu erlangen; als sich selbst bewusst gewordene Natur ist sie voller Sehnsucht, sich neu und perfekter zu erschaffen – bis in alle Ewigkeit. Der Körper wird dabei nie als ausschließlich physische Entität wahrgenommen, sondern als eingebunden in eine Weltsicht, sei sie nun religiös oder, wie zurzeit, biologisch geprägt.

Das Aufrüstungsprojekt. Bruchstellen

Der Wunsch nach Schönheit als Ausdruck von Perfektion, aber auch Macht und Zugehörigkeiten ist umso größer, je mehr der Menschheit ihre Schwäche bewusst wird – und das geht rasch. Denn viele Lebewesen sind dem Menschen hinsichtlich der Ausstattung ihrer Sinne und körperlichen Kräfte überlegen. Insekten sind für ultraviolettes oder infrarotes Licht empfänglich, Delfine hören Ultra- und Elefanten Infraschall, Zugvögel orientieren sich nach dem Erdmagnetfeld, Schlangen spüren feinste Erschütterungen und manche Fische auch elektrische Felder. Der Mensch, phylogenetisch eine langsame, widerstandsarme Frühgeburt mit schwachem Instinktverhalten und wenig fokussierter Umweltwahrnehmung, verfügt jedoch über eine ungeheure funktionale Plastizität seines Gehirns und hat zudem gelernt, seine Fähigkeit, sich von den Umweltbedingtheiten und Instinktvorgaben zu lösen, dazu zu benutzen, die evolutionsbedingten Nachteile zu kompensieren. So erfand er sich wirkungsvolle Werkzeuge: als Erweiterung seiner Wahrnehmungs- und Operationsmöglichkeiten, die inzwischen nach einer rasanten Entwicklung in die makro- und mikroskopisch unsichtbaren Dimensionen des Kosmos reichen.

Also verändern sich auch die Dimensionen des Körpers, dessen Begrenztheit als zunehmendes Ärgernis erscheint. Die Vision eines großen Automaten – fragmentierbar, analysierbar, manipulierbar und reproduzierbar – motiviert Entwicklungen, deren Ziel ein beliebig formbarer altersloser Körper ist, der paradiesischen Körpermodellen nahekommt. Ob es darum geht, Leben zu verstehen, zu erzeugen, zu verhindern oder zu optimieren, das Mosaik kollektiver Sehnsüchte nach dem *Homo artificialis* reicht von der mythischen Menschenschöpfung bis zur wissenschaftlichen Menschenzüchtung. Das Arsenal an Strategien hierzu hat sich in der letzten Generation exponentiell vergrößert: gentechnologische Lebenserforschung, Absicherung der genealogischen Identifizierung, medizinische Fortpflanzungslenkung durch Klonieren, Leihmutterschaft, Gametenspende und Präimplantationsdiagnostik, Elimination vieler Krankheiten und Leiden durch Optimierung der medizinischen Möglichkeiten bis hin zum Fremdersatz, Stammzellen als neuer Jungbrunnen, künstliche Intelligenz. Der Mensch, an sich lernfähig, ahmt hierzu immer öfter die schöpferischen Tricks der sonst geächteten Natur nach und rückt nicht das maschinelle, sondern das organische Konstruieren in den Vordergrund seines technischen Innovationsinteresses.

In einer Gesellschaft, in der Prognosen von den Natur- und Technikwissenschaften getroffen werden und deren neue Gegenpäpste einerseits von der Endlichkeit des Alls, andererseits von der potenziellen Unsterblichkeit der Zelle reden, wird der paradoxe Wunsch nach ewigem Leben in einer dem Untergang geweihten Welt lauter denn je. Was im Quantenbereich und zugleich im unvorstellbar großen Kosmos funktioniert, ersehnt man sich auch für die menschliche Ontogenese: die Relativität der Zeit, genauer der Lebenszeit. Erlösung erwartet man nun aber nicht mehr im Jenseits als Folge der pfleglichen Behandlung der Seele, sondern bereits für das Diesseits: durch Veränderung der materiellen Trägersubstanz, vom sichtbaren phänomenologischen Körper bis hin zum unsichtbaren Zeichensatz allen Lebens, dem Genom – und dies jenseits bisheriger ethischer Werthaltungen und so mancher Gesetze, die den Menschen immer noch als schützenswerte Entität und nicht als Ersatzteillager oder Baukasten definieren.

Die neuen Maschinen werden immer intelligenter und lernfähiger, suchen Fehler und reparieren sich selbst, was auch bei ihnen zu verschwenderischen Konstruktionen führt. Schon der einfachste Computer kann mehr, als die meisten Benutzer ahnen. Da die Naturwissenschaften auch in ihren Anwendungen in Dimensionen vorstoßen, die jenseits unseres durch Erfahrung und Phylogenese gewonnenen

Vorstellungsvermögens liegen, füllt sich unser Alltag mit immer kleineren und schnelleren Geräten, deren Funktionsprinzipien sich uns nicht mehr erschließen. Die Folge: Sie manipulieren und optimieren uns statt umgekehrt. So liefern wir uns unbemerkt diesen naturimitierenden Mikrotechnologien aus, ohne für deren Gefahren ein Sensorium oder ein internes Frühwarnsystem zu haben. Sie werden sinnlich nur erfahrbar, wenn wir sie in ihren unmittelbaren Hilfen und Bedrohungen erleben. Erst durch invasive Medizintechnologie oder bei Schädigungen durch Industrieprodukte und Kernkraftreaktoren wird die Absurdität einer nur noch aus Formeln bestehenden Welt zu einer Wirklichkeit, die wirtschaftliche Macht und faszinierende Möglichkeiten hat, in unser Leben gestaltend einzugreifen. An solchen Schnittstellen finden auch moralische Entscheidungen statt, deren Kriterien kulturelle, soziologische oder religiöse Aspekte oder eine philosophisch begründbare Ethik zugrunde liegen, die aber nicht immer logisch begründbar oder reflektiert sind.

Diese Aufrüstung zieht mit immer raffinierteren und alltagstauglicheren Aufklärungstechnologien in den Krieg gegen die Zivilgesellschaft und ihre Rechte. Sehr widersprüchliche Trends wie bahnbrechende naturwissenschaftliche Entwicklungen, Informations- und Kommunikationstechnologien, rasendes Tempo von Veränderungen, Kulturbrüche und -kämpfe, Teletransportsysteme, die bis zum Mars reichen, Bevölkerungsexplosion, Gewalt und Terrorismus, Armut und Ungerechtigkeit, intensiver Medienkonsum und doch unbezwingbarer Optimismus prägen den Beginn des neuen Jahrtausends. Die Chance, den Menschen durch die neuen Optimierungen widerstandsfähiger zu machen, kommt aber nur Auserwählten mit den entsprechenden finanziellen Möglichkeiten zugute. Wo dies in der Masse dringend gebraucht würde, ist institutionell gar nicht an eine nur annähernd ausreichende Gesundheitsversorgung zu denken, noch nicht einmal für diejenigen, die es sich leisten könnten.

Gesundheitstourismus ist das neue Stichwort. Er findet in zwei Richtungen statt: Die Reichen aus armen Ländern streben zwischen London und Singapur in spezialisierte Kliniken, während die Schnäppchen-jäger, die weder auf das neue Auto noch den neuen Busen verzichten wollen, in Schwellenländer von Trinidad bis China reisen. Sich die Augen in Delhi lasern zu lassen ist weit billiger als zu Hause, ebenso Zahnbehandlungen, Schönheitsoperationen oder eine künstliche Befruchtung, die im Heimatland durch strengere rechtliche Bestimmungen nicht möglich wäre. Andere warten auf eine Transplantation. Obgleich Organhandel in manchen dieser Länder – in Indien seit 1994, auf den Philippinen seit 2008 – unter Strafe steht, wächst das Geschäft und ist längst keine *urban legend* mehr, nicht nur dort. Rund 96 Prozent der armen Bevölkerung in Indien sind bereit, ihre Niere zum Preis von 1070 US-Dollar zu verkaufen. Der Kauf gestaltet sich auf spezialisierten Websites wie bei eBay, wenn man bereit ist, hierfür 70 000 US-Dollar auszugeben: Lieferung innerhalb von sieben Tagen. Je stärker der Medizintourismus wächst, desto schwieriger wird die medizinische Versorgung der restlichen Bevölkerung. Während man in Deutschland derzeit mit einer durchschnittlichen Lebensdauer von 80 Jahren rechnen kann und für je 100 000 Patienten 350 Allgemein-ärzte zur Verfügung stehen, sind es in Indien nur 60 Ärzte bei einer um 20 Jahre kürzeren allgemeinen Lebenserwartung. Dass immer mehr indische Medizinabsolventen lieber in lukrativen Privatkliniken als in öffentlichen Krankenhäusern arbeiten wollen, verschlechtert die Krankenversorgung dort weiter.

Abgesehen von diesen Trends, die massive ethische Implikationen haben, löst die Tatsache, dass derzeit das Recht auf Selbstbestimmung gerade in den Wohlstandsgesellschaften hoch gehandelt wird, die bestehenden Konfliktfelder der biotechnologischen und -politischen Machbarkeiten noch lange nicht auf, in denen es auch um so essenzielle Fragen wie die Optimierung des Sterbens und das Eingriffs- und Bestimmungsrecht Dritter von der Präimplantationsdiagnostik bis zum Hirntod geht. Der immer wiederkehrende Wunsch nach Veränderung und Optimierung des Körpers nach dem nur vordergründig legitimen Motto »Mein Körper gehört mir« ist keineswegs eine unveränderbare biologische Konstante, gerade heute nicht. Ein reflektierter und aufgeklärter Begriff von Selbstbestimmung sollte zudem erlauben, Fremdeinflüsse auf die Körpergestaltung, auch wenn sie subtil medial vermittelt werden, zumindest partiell zu durchschauen und sich von ihnen distanzieren zu können.

Optimierungsprojekt I:
Das Außen. Mit den Augen der anderen

Wohlfühlchirurgie

Körperkult und Schönheitswahn – die Konsum- und Mediengesellschaft setzt ästhetische Normen, die den eigenen Körper zunehmend als mangelhaft erscheinen lassen, und suggeriert zugleich, dass diese Mängel behebbar und damit nicht nur Schönheit, sondern auch Erfolg im Beruf und in der Liebe machbar seien – global, denn Menschen unterscheiden sich weltweit in ihrem Schönheitsurteil wenig. Dass dies nicht nur mit Geld, sondern auch mit Risiken verbunden ist, bleibt im Dunkeln. Cyrano de Bergerac, bis auf seine große Nase nicht nur in der Barockzeit ein Traummann, setzte zu stark auf seine inneren Werte, getreu der Devise, wahre Schönheit komme von innen, und verlor. Zu stark zählen der erste Eindruck, das gute Aussehen und die damit verbundenen, auch sozialpsychologisch erhärteten Vorurteile, gut aussehende Menschen hätten einen besseren Charakter und seien auch kompetenter, erfolgreicher, zufriedener, sympathischer, intelligenter, geselliger, zugänglicher, aufregender, kreativer, fleißiger und fänden leichter Partner. Von weniger gut aussehenden Menschen glaubt man allerorts das Gegenteil. Geistliche und weltliche Führer, die dem Schönheitsideal selten entsprachen, haben daher schon immer Maler, Bildhauer und Fotografen in die Pflicht genommen, um ihr tatsächliches Aussehen zu retuschieren und sich wenigstens im Bild schöner machen zu lassen.

Schönheit als Lockmittel für privaten und beruflichen Erfolg – da lohnt es sich, Opfer zu bringen. Der Wunsch nach äußeren Optimierungen nimmt in allen Gesellschaftsgruppen, die es sich materiell leisten können, rapide zu, wenn es hierfür auch kein verlässliches Zahlenmaterial gibt, da die Fachgesellschaften für ästhetische Medizin untereinander konkurrieren. Der Luxusmarkt hat den Körper als schönsten Konsumgegenstand entdeckt und bietet Rearrangements des als fehlgestaltet empfundenen Zustands an. Weder Investitionen im Gegenwert von Limousinen der gehobenen Preisklasse mit Finanzierungsmodellen, die gleich mitverkauft werden, noch erhebliche Schmerzen und Spätfolgen, deren prominentestes Beispiel Michael Jacksons zombiehafte Verwandlung ist, wirken abschreckend. Obwohl auch Männer immer stärker der Sehnsucht nach ästhetischer Optimierung erliegen, entfallen rund 90 Prozent der Eingriffe auf Frauen. Je nach gesellschaftlicher Vorliebe wechseln sich schwellende üppige Formen mit den Zeichen von Zartheit bis zur Körperlosigkeit ab oder bestehen nebeneinander. Ob Heroin-Chic magerer kindhafter Körper in der berüchtigten Größe 00, die noch kleiner als Kleidergröße 34 ist, Mommy-Makeovers nach Schwangerschaften oder Schamlippenkorrekturen: Das Frauenleben ist eine ununterbrochene Folge von Krisen, durch Pubertät, Schwangerschaften und Wechseljahren, die allesamt das Selbstwertgefühl, das seelische Gleichgewicht und damit die Beziehungen zum anderen Geschlecht erschüttern und Gegengifte erfordern, von Beruhigungsmitteln bis zum Messer des plastischen Chirurgen.

Plastic People. Körperskulptur als Neuerfindung des Ich

Die Unzufriedenheit mit dem an sich unauffälligen eigenen Körper, die als Mitauslöser von psychischen und dabei vor allem auch Essstörungen gilt, hat die Massengesellschaft ergriffen. War lange der reale Körper mager und der begehrte voluminös, so wurde dieser in den letzten 30 Jahren dünner, während das Realgewicht stieg. Während Männer sich dabei wohler fühlen, ihr Gewicht exakter einschätzen und sich selbstbewusst sogar figürlich für das halten, was sich Frauen wünschen, haben diese Probleme: Die Dysmorphophobie als Angst, das natürliche Aussehen wirke in den Augen der anderen missgestaltet, ist geradezu zur Seuche geworden. Eine große Studie zur Attraktivitätsvorstellung an rund 7500 Männern und Frauen aus 26 Ländern in zehn Weltregionen[1] erteilt dem gängigen Schönheitsideal indes eine Absage: Anders, als Frauen meinen, bevorzugen Männer fülligere Formen. Üppigere Frauen vom Land mit geringerem Einkommen oder höherem Lebensalter sind zufriedener mit sich als schlanke, junge, reiche Städterinnen. Am unzufriedensten sind Nord- und Südamerikanerinnen, noch am zufriedensten Frauen aus Süd- und Westasien. Besonders Befragte, die sich stark an westlichen Medien orientieren, wollen extrem schlank sein und mögen ihren Körpern nicht. Dass dabei die Zufriedenheit weniger vom tatsächlichen Gewicht und der Selbstwahrnehmung, sondern vom Umfeld und dem Urteil der Mitmenschen abhängt, zeigt eine Befragung von 800 Frauen im Alter von 18 bis 65 Jahren.[2] Übergewicht ist heute ein soziales Stigma, assoziiert mit Hässlichkeit, Armut, Kontrollverlust und Willensschwäche. Daher gab die Herzogin von Windsor gerne den Rat, die charakterstarke Frau solle sich, wie die Habsburger Kaiserin Elisabeth auch, durch die Golden Girl Disease outen: »A woman can never be too rich or too thin.« In der fatalen Verwechslung, schön sei gleich gut, wird der Körper zum Zeichen. Form, Gewicht, Haut und Kleidung sind die wichtigsten Faktoren, nach denen man bewertet wird.

Weltweit entsteht ein neuer Körperkult als Gegenentwurf zur Leibfeindlichkeit der großen Religionen. Die Sehnsucht nach dem äußerlich perfekten Körper ist ohne chirurgische Eingriffe längst nicht mehr zu erfüllen. Weltweit steigen die Zahlen derjenigen, die sich die Nase kürzen, den Busen heben und vergrößern, die Lippen füllen, die Falten glätten, die Lider korrigieren, das Fett absaugen, den Po polstern, die Haut bleichen, die Schamlippen kürzen und die Beine verlängern lassen. Die Eingriffe beschränken sich längst nicht mehr darauf, Defekte zu reparieren, Alterungsfolgen zu mildern oder sanfte Korrekturen unter Erhaltung der Individualität vorzunehmen. Was zählt, ist ein von den westlichen Medien propagiertes, global akzeptiertes Schönheitsideal, vorab durch Morphing simuliert, im Ergebnis allerdings oft auf eine verallgemeinernde Art grotesk: Die Hochglanzmagazine sind bevölkert von Wesen mit Katzenaugen, geschwollenen Lippen, eingefrorener Mimik, knabenhaften Körpern und zu großen Brüsten, die auf die Frage, wie sie sich jugendlich erhalten, immer dieselbe heuchlerische Antwort geben: durch gesunde Ernährung, viel Schlaf und Work-out mit ihrem Personal Trainer.

Man ist, was man von sich zeigt. Die Positionen zum Körper sind dabei ambivalent. Einerseits wird er funktionalisiert und weggehungert, andererseits wird er geradezu zur Bühne der Selbstdarstellung, im positiven Fall als Zeichen selbstbewusster Weiblichkeit. Auch in abgelegenen Regionen ist Schönheit modern, säumen Aerobicstudios und Schönheitssalons die Dorfstraßen, und die offensive Aneignung globaler Schönheitsideale erweitert die Handlungsfähigkeit und Selbstbestimmung der Frauen gerade in strengen patriarchalen Gesellschaften, von den arabischen Ländern bis nach Sumatra, als sichtbares Zeichen der Widerständigkeit gegen unzeitgemäße Unterdrückung.

Viele Frauen aber entscheiden sich für eine im unbestimmten Stadium der Pubertät verharrende Ästhetik der Entkörperlichung. Ihnen ist das Misstrauen in den Körper eingeschrieben, einen Körper, der ständig kontrolliert werden muss, um nicht außerhalb seiner Grenzen zu geraten – ob durch Schwangerschaft oder nicht rollenkonformes Verhalten. Zwar haben sich Menschen immer wieder drastischen Praktiken von den chinesischen Lotusfüßen bis zur Kastration[3] unterziehen müssen, um zu gesellschaftlichen Gruppen zu gehören, aber dieses Ausmaß und diese Freiwilligkeit, wobei ausschließlich der Markt die Maßstäbe setzt, gab es bislang nicht.

Ästhetische Korrekturen stehen als Konsumgüter in einem kommerziellen Wettbewerb. Ein funktionsuntüchtiges Billigprodukt lässt sich aber nicht einfach austauschen, schließlich ist es mit dem eigenen Körper verschmolzen, und dieser bezahlt die Folgen, wie jüngst bei

Silikonbrustimplantaten minderer Qualität zu sehen war, bis hin zur Lebensbedrohung.

In China gehört Hao Lulu zur Popkultur. Sie stellte sich als Werbeikone für die Kreation der perfekten Frau zur Verfügung und löste als erste künstliche Schönheit Chinas ein gewaltiges Medienecho aus. Nach 14 Operationen entsprach sie dem westlichen Medienzerrbild aus Filmen, Modejournalen und Soap-Operas, die auch das ästhetische Empfinden der Chinesen verändert haben. Für diese ist das medienpropagierte globale Schönheitsideal noch schwerer zu erreichen als für durchschnittliche Europäerinnen, aber Schönheit ist im nicht sehr frauenfreundlichen China zur Investition geworden, um sich Vorteile auf dem Arbeits- und Ehemarkt zu verschaffen. Dass die Eingriffe immer früher im Leben stattfinden, ist auch Zeichen eines neuzeitlichen global orientierten Initiationsrituals: die operierte Epikanthusfalte in Asien, die Glättung krauser Haare in Afrika und Brasilien, das Bleichen dunkler Haut, die Verlängerung der Beine und die Normierung der Nase auf klein und schmal markieren den Einstieg in ein globales Erfolgsmodell Mensch – symmetrisch, ohne Falten und mit makellos glatter Haut. Einmal begonnen, macht der wachsende Druck zur Selbstoptimierung den Körper zum Gegenstand dauernder Bearbeitung. Das ist sehr gefährlich, denn vor allem das Gesicht als Ausdrucksorgan ist entscheidend für die Kommunikation, zu der nicht nur die Sichtbarkeit von Emotionen, sondern auch Lebensspuren gehören. Exzessive Retuschen stören oder löschen diese Ausdruckskraft, die angestrebte Schönheit wirkt künstlich und maskenhaft, besonders wenn die mimische Muskulatur dabei stillgelegt wird. Überdies wird die Kommunikation reizlos, da dem Gegenüber das wichtigste Feedback fehlt: der Ausdruck emotionaler Empathie. Die Folge: Je weniger Gefühle man zeigen kann, desto schwächer werden diese. Das mag dann diejenigen trösten, die als Opfer des Lookism, der Diskriminierung aufgrund ästhetischer Kriterien, Nachteile hinnehmen mussten.

Optimierungsprojekt II:
Das Innen. Body Tuning. Ersatzteillager

Seit Alexander McQueen für Givenchy vor gut zehn Jahren die bein-
amputierte Sportlerin und Schauspielerin Aimee Mullins in handge-
schnitzten Holzstiefeln über den Laufsteg schickte und behinderte
Sportler nicht nur auf der Behindertenolympiade glänzen, sondern,
wie der südafrikanische Sprinter Oscar Pistorius, mit federnden Kunst-
beinen so manche Konkurrenten überholen, merkt alle Welt, dass durch
die Fortschritte der Prothetik und das dazugehörige Selbstbewusstsein
Menschen mit Handicaps nicht nur bedingt gesund, sondern ästhe-
tisch und sportlich mit künstlichen Gliedmaßen auch zu Ungewöhn-
lichem fähig sind. Generative Ersatzteile sind auch aus dem Körper-
inneren nicht mehr wegzudenken. Zahnersatz wird computergesteuert
maßgefertigt, Hornhautimplantate aus Kunststoff oder komplett im-
plantierbare Sehprothesen stellen die Sehkraft wieder her, bioähnliche
und sofort belastbare Titanschäume ersetzen verletzte Knochen, bio-
resorbierbare Materialien wie Ersatzknochen aus der Laserschmelze
werden, wenn sie ihre Aufgabe erfüllt haben, vom Körper wieder aufgelöst, und die Transplantationsmedizin insgesamt hat Beachtliches
erreicht.

Im Trend aber liegen vor allem Body Tuning und Hirndoping als
ultimative Mittel gegen das unausweichliche Schicksal der Hinfällig-
keit der Körper und der Unzulänglichkeit des Geistes. Nicht nur die
Cyber-Kultur diskutiert über den Menschen als biologisches Auslauf-
modell, sondern auch die Biotechnologie, da zwar die Lebenserwartung der Menschen steigt, aber nur bis zur magischen Grenze von rund
120 Jahren. Wie man allerdings innerhalb dieser Zeitspanne altert, ist
durchaus zu beeinflussen. Dabei gilt weniger mehr. Positiv wirken sich
Verzicht auf Stress, Völlerei, Nikotin und Alkohol, geringe Belastung
durch Lärm und Umweltgifte, viel Sport und viel Schlaf aus. Wenn
jedoch bereits im Jahr 2030 80 Prozent der Menschen in urbanen Bal-
lungsräumen vom Typus der Tiger Cities leben müssen, stehen die

Chancen schlecht, dass sich eine Mehrheit diesen gesunden Lebensstil wird leisten können. Die Heilsversprechen der Anti-Aging-Gurus aus Medizin, Ernährungswissenschaften, Nahrungsergänzungsmittelindustrie und Kosmetikherstellern, die die biologische Alterung hinauszögern, die Lebensqualität auf hohem Niveau erhalten und das Leben insgesamt verlängern wollen, werden daher als Alternative aus der Retorte nur allzu gern vernommen.

Die ohne Hilfsmittel erreichbaren Leistungsgrenzen der menschlichen Physis zeigen sich nicht nur in der Lebensspanne, sondern auch im Spitzensport. Jeder neue Rekord wirft trotz Verboten zwangsläufig die Frage auf, mit welchem Doping er erreicht wurde. Heutige Dopingmethoden, die diskret Signalübertragungen beeinflussen, sind raffinierte Experimente der Gentechniker und Biochemiker mit dem Tuning eines objekthaft gesehenen Organismus – wie im Formel-1-Rennsport, den weniger die Fahrer als die Ingenieure steuern. Das Ziel ist die perfekte Leistungsmaschine, denn die Mediengesellschaft erlaubt im Zirkus der Wettkämpfe keine Langweile. Die Masse profitiert von den Abfallprodukten dieser Experimente, die im Internet zuhauf vertrieben werden.

Auch das Gehirn ist Ziel von Optimierung: Brain Doping ist ein Markt für Gesunde. Gehirnjogging und Brain Food, Computerspiele zum Hirntraining und Neuroenhancer, für den Krankheitsfall entwickelte chemische Wirkstoffe, die eine Leistungssteigerung des Hirns hervorzurufen versprechen, boomen. In den USA wagt sich bereits ein Viertel aller Studenten ohne Doping nicht in die Prüfung. Die Euphorie dagegen, die Psyche ebenso einfach designen zu können, ist derzeit etwas verflogen. Bis heute konnte trotz mehrfacher Ankündigung die nebenwirkungsfreie Glückspille nicht entwickelt werden, ebenso wenig wie ein Wundermittel, das die kognitive Leistungsfähigkeit bei jedermann zu verbessern imstande wäre.

Gutes Aussehen und Fitness gelten in der wettbewerbsorientierten Leistungsgesellschaft schon lange als Erfolgsindikatoren, in der Überzeugung, es sei die Aufgabe jedes Individuums, den eigenen Körper zu optimieren, da dieser nahezu beliebig formbar sei. Das Management des Körpers wird zur Lebensaufgabe: Die Ernährungs- und Getränkebranche produziert Functional Food als Fitmacher. Medizin, Pharma- und Kosmetikbranche schließen sich zu Anti-Aging-Coachs zusammen. Der Food-Trend folgt immer neuen Moden. Nach Stoffen wie Koffein und Taurin, Inhaltsstoffe der Energy Drinks, sind nun Super Foods exotischer Herkunft angesagt. Stimulierende Guanáfrüchte vom Amazonas, schlank machende Açaíbeeren aus Brasilien, immunstärkende Gojibeeren aus China, Jabuticababeeren aus Minas Gerais zur Krebsverhinderung, Macawurzeln aus Peru als natürliches Viagra, konzentrationsfördernder sibirischer Ginseng: ViB, Vacation in a Bottle, statt Wellnessurlaub, Essen als Körperdesign. Die Anti-Aging-Industrie, ein Markt von 90 Milliarden US-Dollar allein in den USA, verkündet, unterstützt von Celebrities, die von ihren Wunderkuren berichten, eine schöne neue Welt: mithilfe von Hormonen und vielen Extrakten aus den Hinterzimmern von Pharmazeuten, deren Wirkung wissenschaftlich schwach begründet sind oder der Gesundheit mehr schaden als nützen. Auch wenn es gelungen ist, den Alterungsprozess von Mäusen umzukehren, wie eine viel diskutierte Harvard-Studie zeigt[4], so ist dies nicht automatisch auf Menschen zu übertragen, im Gegenteil. Wir nämlich stellen, anders als Mäuse, die Produktion des sagenumwobenen Enzyms im Erwachsenenalter ein. Führt man es dann zur Zellverjüngung zu, riskiert man Krebserkrankungen – ein hoher Preis für jüngeres Aussehen.

Optimierungsprojekt III:
Upgrading. Ausdehnungen

Manche Wissenschaftler glauben, mithilfe von winzigen Werkzeugen, Nanobots, und pluripotenten Stammzellen den menschlichen Körper nicht nur optimieren, sondern womöglich sogar neu bauen zu können – nach einem von ihnen erdachten Design und mit erweiterten

Funktionen. Bereits jetzt werden sicherheitshalber Nabelschnurzellen, Gehirne oder gleich ganze Menschen eingefroren, um am Tag X zu neuem Leben zu erwachen. Gut vorstellbar, dass auch solche Methoden in Zukunft breite Zustimmung finden. Neben manchem Segen ist es jetzt schon der Fluch der inzwischen vielerorts akzeptierten Geburtensteuerung, dass immer weniger Mädchen auf die Welt kommen. Könnte man Eigenschaften gleich mitbestellen, dann wissen die Biotechnologen bereits, welcher Bausatz gewänne: Blaue Augen, blondes Haar und Gesichter wie Brigitte Bardot und Claudia Schiffer, während die Männer sich zu Robert Redfords vervielfachen würden.

Alles aber, was der Mensch erfindet und konstruiert, unterliegt auch der Wahrscheinlichkeit der typisch menschlichen Fehler, und gerade Programmierungen, bei denen die Maschine mit der Zeit lernt, bergen die Möglichkeit, dass zum *human error* der *technical error* hinzukommt. Die Maschinen haben nicht nur unsere Fehler, sondern entwickeln auch ihre eigenen und zwingen uns diese auf. Wer wird dann in Zukunft wen manipulieren? Schon jetzt ist in der digitalen Welt vieles undurchsichtig geworden, denn das System übernimmt Auftrag und Ausführung. Gene, Stammzellen und Nanobots befinden sich, einmal in ein organisches System implantiert, ebenfalls jenseits der Steuerungsmöglichkeit und damit auch außerhalb einer menschlichen Ethik.

Seit 1997 der damalige Schachweltmeister Kasparow dem IBM-Computer Deep Blue unterlag, fragt sich die Öffentlichkeit, ob eines Tages Maschinen, die alles und mehr können als biologische Systeme und der menschliche Verstand, über die Welt herrschen, wie es Erforscher der künstlichen Intelligenz und der Robotik als postbiologische Vision prophezeien. Die jüngere Literatur- und Filmgeschichte ist voll von Dystopien, Utopien mit negativem Ausgang, die skizzieren, was geschieht, wenn sich scheinbar sichere Pläne entsteuern, und damit einen populären Diskurs eröffnen, den Wissenschaftler fast zwangsläufig eher meiden. Der Film *Blade Runner* entwirft ein Szenario des Wirklichkeitsverlustes, in dem alle Referenzen unserer Identität nicht mehr hinreichen, um Gewissheit zu erlangen, ob wir natürliche oder künstliche Wesen sind, sobald wir an der Originalität unserer Körper und unserer Erinnerung zweifeln müssen und uns damit nicht mehr einem allmächtigen Gott ausgeliefert glauben, sondern unsichtbaren irdischen Manipulatoren. Im Orwell-Jahr 1984 beschrieb William Gibson in der Romantrilogie *Neuromancer* die unselige Verbindung von Elektronik und Biotechnologie. Figuren tauchen in Computernetzwerke ein, die in der Filmtrilogie *Matrix* die Menschheit längst versklavt haben, und müssen sich dort künstlicher Intelligenzen erwehren. *Body Horror* nennt sich ein Filmgenre, in dem es um die Schreckensszenarien der biologisch und technisch machbaren Umgestaltungen des menschlichen Körpers geht.[5] Stanley Kubricks *2001: A Space Odyssey* ist dagegen ein filmisches Gegenstück zu Horkheimer und Adornos epochaler sprachlicher Zeitanalyse. Die im rasenden Schnellgang gezeigte Entwicklungsgeschichte der Menschheit handelt von den Paradoxien der Entdeckung von Instrumenten und Techniken zum Machtgewinn über Artgenossen und Naturkräfte, wobei die Urzeitmenschen genauso kommunikationsarm sind wie die Weltraumfahrer. Der Supercomputer HAL erlebt menschliche Gefühle, während die Astronauten funktionieren, als seien sie programmiert. Als das Computerauge abgeschaltet wird, verliert auch das Auge des Zuschauers die Klarheit, ein Zeitstrudel trunkenen, staunenden Sehens beginnt, gleichsam ein filmisches Gegenstück zu Arthur Rimbauds *Bateau ivre*, und endet in einem Erinnerungsraum an das 18. Jahrhundert, der die Urzeit des Menschen von 2001 repräsentiert: die Zeit der Aufklärung.

In der Oszillation zwischen Fortschrittsoptimismus und Kulturpessimismus haben positivistische und apokalyptische Narrative und ihre Propheten Konjunktur, auch im Verhältnis der halbgebildeten Öffentlichkeit zur Wissenschaft. Einzelfortschritte von Gen-, Nano-, Bio- und Informationstechnologie, Robotik und Hirnforschung werden generalisiert und die Ablösung des Menschen durch optimierte beseelte Maschinen wird prophezeit, von Futuristen und Transhumanisten, auch wenn sich bei genauerer Betrachtung viele Prämissen ihrer

Vorhersagen nicht halten lassen. Immer noch muss eine künstliche oder der natürlichen gar überlegene Intelligenz mit mindestens dem Komplexitätsgrad und der plastischen Funktionalität unseres Gehirns vorausgesetzt werden, wenn man einen stammzellengezüchteten, von Nanobots gepflegten posthumanen Organismus propagiert. Solches zu simulieren ist selbst für niedere Lebewesen wie Insekten bislang nicht einmal im Ansatz gelungen. Die tatsächlichen Erfolge der Robotik, die zwar Einzelaufgaben vom Rasenmähen bis zur Industriearbeit bewältigen, von Maschinen vom Typ eines HAL oder eines Nexus-6-Replikanten jedoch weit entfernt sind, zeigen dies. Ebensolches gilt für die anderen Disziplinen. Die grundsätzliche Frage, ob ein Bewusstsein überhaupt in der Lage sein kann, sich selbst zu beschreiben, stellen sich die popkulturellen Zukunftspropheten wohlweislich nicht.

Cyborgs. Die digitale Haut

Dafür bevölkert sich der Globus mit Wesen, die sich selbst bereits elektronisch erweitert haben. Die Generation der *Yetties* – young, entrepreneurial, tech-based, twentysomething – als Gewinner der New Economy ist die neue Elite und besteht aus beschleunigten, geistesgegenwärtigen, mobilen, flexiblen Menschen, die mit Medien und Komplexität umgehen können. Als Leitfiguren des digitalen MP3-Kapitalismus, der zu tief greifenden Veränderungen in Organisationen und im Individuum selbst führt, üben sie moralischen und normativen Einfluss auf Wirtschaft, Politik und Gesellschaft aus. Das ist gefährlich: Wie rasch die Maxime von Beliebigkeit und Schnelligkeit eine Gesellschaft ineffizient und destruktiv macht, zeigen die jüngsten Börsen- und Bankenkrisen. Noch nie hat sich ein so großer Teil der Menschheit mithilfe kultureller Techniken so rasch umgeformt, ohne Gegenstrategie, die erlaubte, mit der selbst erfundenen Technik nicht nur mitzuhalten, sondern sie auch zu steuern – ein Gebiet, in dem bei aller Sehnsucht nach Wahrnehmungserweiterungen auch niemand forscht. Techniken werden immer weniger verstanden, sondern nur angewandt. Technologische Räume in Echtzeit, erweiterter und gemischter Realität überlagern sich mit den natürlichen Lebensräumen, aber das sinnliche Begreifen, das für Erkenntnis nötig ist, kommt nicht nach.

Zugleich erhöht sich der Zeitdruck, was in der unübersehbaren Vielfalt der Phänomene, mit denen der postmoderne Mensch konfrontiert ist, zu immer oberflächlicheren oder mythischen Erklärungsmodellen für nicht oder nicht ganz Verstandenes führt. Das hat Einfluss auf das Abstraktionsvermögen. Denken wird ein nomadischer Vorgang, wie Vilém Flusser schreibt, und ist nur noch eine Näherung an vielfach Fragmentiertes. Dass in Teilaspekten der Gesellschaft Simulation und Wirklichkeitsbezug immer mehr ineinander übergehen und so neue Wirklichkeiten entstehen, zeigt sich auch an der Körpererfahrung und trägt mit dazu bei, dass die Medienmanipulation des Körperbilds vor allem Jugendliche gefährdet. Das Internet als grenzenlose Beziehungsmaschine fördert zwar das Entstehen eines weltweiten Kommunikations- und Kulturraums, aber nicht Kompetenzen, die erlaubten, das in diesem Raum Erlebte auch kritisch zu werten. Der Vorgang gleichzeitiger Integration und Distanzierung, den digitale soziale Netze wesenhaft bewirken, scheint heute selbstverständlich zu sein, gilt aber in der Psychologie als kommunikationsgefährdende Doppelbotschaft. Das gesamte System trägt eine Doppelbotschaft in sich, da einerseits eine zunehmende Spezialisierung sein sichtbares Zeichen ist, andererseits aber am Panorama eines alles vereinigenden riesigen Verbundsystems gearbeitet wird, das in seinen Möglichkeiten und Dimensionen dem menschlichen Fassungsvermögen jetzt schon zu entgleiten droht – ähnlich wie ja auch das eigene Gehirn eher in seinen Spezialisierungen als in seiner ungeheuer großen funktionalen Plastizität verstanden werden kann.

Elektronische Medien verhalten sich heute wie eine Erweiterung des Nervensystems und bewirken Verhaltensänderungen auf so subtile Weise, dass man sie der eigenen Entscheidung zuschreibt. Am deutlichsten zeigt sich dies an den neuen Kommunikationsstilen, bei denen das Gegenüber und die Technik weitgehend unsichtbar sind. Sie machen ein Verhalten gesellschaftlich akzeptabel, das noch vor wenigen Jahren als zumindest auffällig, wenn nicht distanzlos oder gar psychotisch galt: Symptome einer entfremdenden Beliebigkeit. Laut vor sich hin sprechende Menschen fügen sich heute ins Alltagsbild, ebenso Gesprächsinhalte, bei denen man bislang zumindest die Stimme senkte, Vorgänge des Erlebens und Meinungen werden noch vor Ende ihres Ablaufs, oft als Fotos und Videos, im jeweiligen sozialen Netzwerk gepostet, die Zahl der vernetzten Freunde erreicht Dimensionen, die den individuellen Kontakt Rundsendungen opfern; nicht nur das neue Tablet, sondern auch die neuen Partner sucht man sich über das Netz, mit Produktdatenblättern wie bei eBay, und die individuellen Datengeheimnisse werden vertrauensvoll in Clouds abgelegt. Smartphone-User tun sich innerhalb weniger Monate schwer, Arbeit und Freizeit zu trennen oder sich der eigenen Person ohne Ablenkungsmöglichkeit zu stellen. Vorbereitungen werden immer sorgloser, da jede Information scheinbar allzeit zugänglich und kommunizierbar gemacht werden kann. Die wohlhabende U40-Generation fühlt sich heute ohne ihre smarten Spielzeuge amputiert, deren Technosphäre sie wie eine zweite Haut überzieht, da sie sich zumindest oberflächlich so gut an die Individuen und ihre Vorlieben anzupassen scheint. Besonders in der Ersten Welt geht es längst nicht mehr um das Überleben, sondern darum, gut zu leben und Spaß zu haben, in einer möglichst großen Gemeinschaft, deren Werturteil man sich zugleich aussetzt.

Dass dahinter nicht persönliche, sondern vorwiegend Marktinteressen stehen, wird weder auf den ersten noch den zweiten Blick bewusst, zu subtil wird von den Datenprofiteuren wie Google und Facebook geforscht und manipuliert. Grundsätzlich ist Technik kein Schicksal. Wir sind es, die die Dinge, die uns im Alltag umgeben, unseren Werten entsprechend entwickeln, formen und benutzen können. Doch dies wird immer schwieriger, weil die Gier der Großmoguln der Branche nach persönlichen Daten durch die fehlende Verantwortlichkeit ihrer User bestens befriedigt wird. So lassen sich diese zunehmend besser steuern, weil sie als nur noch scheinbar Suchende in Wahrheit immer weiter von den Überraschungen, die eine Welt, der man sich neugierig nähern will, entfernt werden, je raffinierter und subtiler die Algorithmen der Datenprofiteure individuelle Vorlieben mit den Marktinteressen rückkoppeln können. Märkte brauchen keine unvorhersagbaren Kunden. Je begrenzter also – auf unsichtbare Weise – das scheinbar spezifische und freie Suchverhalten gehalten wird, umso wertvoller wird der Kunde, der mit nicht zu seinem offensichtlichen Profil passenden Vorschlägen und Informationen weiter domestiziert werden kann. Das ist die Logik des digitalen Business. Nur wenn die ansonsten beschaulich selbstbezügliche auf 800 Millionen angewachsene Facebook-Gemeinde mit Videobotschaften vom arabischen Frühling, der Jasminrevolution oder einem der Krisengebiete der Welt aufgeschreckt wird, bricht für kurze Zeit eine gesellschaftliche Debatte über den Sinn dieser neuen elektronischen Haut los.

»Der Blödsinn und der Eigennutz haben die Privilegien erschaffen.«[6]
Die Armen und die Reichen. Verantwortung und Kultur

Heinrich Schöneich kommt gerade aus Pagan zurück. Der Münchner Spezialist für plastische Chirurgie operiert seit zwei Jahrzehnten ehrenamtlich missgebildete Kinder und verstümmelte Opfer von Gewalt und Krieg, vorwiegend in Burma und Afghanistan. Sein brasilianischer Kollege Wilson Dewes tut dies im eigenen Land und in China. Als gesuchte Spezialisten geben sie ihr Fachwissen an dortige Kollegen weiter und organisieren NGO-Aktivitäten für das Umfeld der Patienten, denn durch Missbildung oder Armutskrankheiten wie Noma verunstaltete Kinder haben allgemein weit mehr zu tragen als ihr körperliches Stigma, oft werden sie verstoßen oder haben keinen Zugang zu Bildungsinstitutionen. Zivilen Opfern von kriegs- und terrorbedingten Verletzungen stehen weit weniger Hilfsmaßnahmen zur

Verfügung als Soldaten, und auch für diese, einmal funktionsunfähig geworden, sorgen ihre eigenen Regierungen schlecht. Hinzu kommen die zahllosen Folgen nicht organisierter Gewalt, von mutwillig zugefügten Verbrennungsverletzungen an indischen Frauen, die der Familie des Mannes lästig werden, bis zu den abgerissenen Gliedmaßen von Verkehrsopfern.

Der jährlich von der WHO veröffentlichte *World Report on Violence and Health* zeigt in erschreckendem Ausmaß, wie weit die reale Situation der meisten Menschen, ob durch Armut, Unterdrückung oder Krieg, von einem Leben in Gesundheit entfernt ist, die von der WHO nicht nur als Wegfall physischer Beeinträchtigung, sondern als Gesamtheit von psychischem, physischem und sozialem Wohlbefinden definiert wird.

Gesund in diesem Sinne zu werden und zu bleiben fällt auch Menschen schwer, die in der Ersten Welt dazu die besten Chancen hätten: durch Eigenverantwortlichkeit in privaten, gesellschaftlichen und politischen Entscheidungen. Zivilisationskrankheiten, die besser Lifestylekrankheiten genannt würden, verschlingen dort rund 90 Prozent der Aufwendungen der Gesundheitssysteme. Nicht die Zivilisation als solche, sondern die in Wohlstandsgesellschaften vor allem industrialisierter Länder verbreiteten Lebensstile, Verhaltensweisen und Umweltfaktoren erweisen sich als gefährdend: Lebensbedingungen wie Art der Wohnung, Kleidung, Ernährung, Hygiene oder Lichteinfluss, die Arbeits-, Verhaltens- und Kommunikationsgewohnheiten, die Folgen der fortschreitenden Technisierung wie einseitige körperliche Belastung, ungenügende Abhärtung, Lärmexposition, Luftverunreinigung oder Genussmittelmissbrauch, aber auch psychische Faktoren wie die zunehmende Betriebsamkeit des Erwerbslebens und die nicht nur damit verbundene Unsicherheit und Existenzangst. Zu den bekanntesten Wirkungen zählen Essstörungen von der Anorexie bis zur Fettleibigkeit, psychische Störungen von Suchterkrankungen bis zur Depression, Karies, Herz-Kreislauf-Erkrankungen vom Bluthochdruck bis zum Herzinfarkt, Stoffwechselerkrankungen durch Organerschöpfung wie Diabetes mellitus oder Gicht, viele Allergien und Hautkrankheiten, Erkrankungen des Immunsystems und Krebserkrankungen wie Brust-, Lungen-, Darm- oder Hautkrebs. Gesundheitspflege ist daher komplex und anstrengend und erfordert nicht nur individuelle Maßnahmen, sondern auch die Wahrnehmung von gesellschaftlichen Prozessen und die Bereitschaft, politische Verantwortung zur nachhaltigen Gestaltung der Lebenswelt mitzuübernehmen.

Nicht nur im Netz hat sich die Hoffnung auf einen globalen demokratischen Freiraum zerschlagen; auch die reale Welt ist von ihren machtorientierten Politikstrategien keineswegs abgerückt. Mit der digitalen Haut verhält es sich wie mit den Wundertechniken der Medizin, die nur die Privilegierten dieser Welt als Königsweg zu unbegrenzten Möglichkeiten nutzen können. Die traditionellen Schranken, die bisher den Menschen und die Natur in ihrer genetischen Vielfalt geschützt haben, brechen immer rascher unter der ideologischen, technologischen und ökonomischen Belagerung zusammen. Kulturelle Definitionen von Geburt, Leben und Tod wandeln sich ins Ungefähre. Wenn technische Körperkontrolle tatsächlich ein Weg zur Befreiung vom biologischen Schicksal ist, wer kontrolliert diesen Weg, und sind wir ihm unausweichlich ausgeliefert? Nichts zwingt uns, unsere Körper unter das Regime mechanistischer Effizienz zu stellen. Ansätze zur Kritik der bisherigen Positionen sind daher eminent wichtige Denkmodelle für die Vielfalt, Verschiedenheit, Verletzlichkeit und das Überleben des Lebendigen.

Der menschliche Körper als Konstruktion von Machbarkeiten? Angesichts der revolutionären Erfolge in den Biowissenschaften kann man sich die Frage, was Menschsein überhaupt sei, nicht oft genug stellen, wenn unsere sogenannte eigene Natur nur noch ein von Dritten entworfenes Design sein soll, oder wenn unser Verständnis voneinander als freie und gleiche Personen infrage gestellt wird. Während eine Seite der Wissenschaftler warnend den Finger vor ethisch fragwürdigen Grenzüberschreitungen erhebt, fordert die andere geradezu dazu auf, sich von Grenzen nicht abschrecken zu lassen. Doch wo verläuft die ominöse Grenze? Wann arbeiten Forschung und Industrie noch zum Wohle der Menschen, und wann betreiben sie Selektion und unterscheiden »wertes« von »unwertem« Leben? Und wer entscheidet, was Leben ist und wie der Begriff des Lebens zukünftig aussehen könnte? Oder warum man das Menschsein an die biotechnische Revolution angleichen sollte, wie es das sozialdarwinistische Weltbild der *Lifesciences* fordert? Die Wissenschaft fragt, was möglich ist, die Frage der Ethik aber lautet: Was ist erlaubt? Die Debatten über den Menschen müssen auch politische sein. Gerade der Gefahr der Entdifferenzierung menschlicher Unterschiede vorzubeugen ist eine der großen gesellschaftlichen und kulturellen Aufgaben unserer Zeit. Deswegen sollten öffentliche Debatten verstärkt aus dieser Perspektive geführt werden, denn wie es uns Wissenschafts- und Politikgeschichte gelehrt haben, können diese mitunter nur als Kulturgeschichte zureichend untersucht werden.

Anmerkungen

1 Swami, Wiren et al.: »The attractive female body weight and female body dissatisfaction in 26 countries across 10 world regions: Results of the International Body Project I«. In: *Personality and Social Psychology Bulletin* 2010, 36(3), S. 309 ff.

2 Tylka, Tracy: »The acceptance model of intuitive eating«. In: *Journal of Counseling Psychology*, 2011.

3 Erst Papst Pius X. machte es am 22. November 1903 in seinem Motuproprio *Tra le sollecitudini (Über die Kirchenmusik)* zur Vorschrift, in Kirchenchören die Sopran- und Altstimmen nur mit unkastrierten Knaben zu besetzen, und verbot damit praktisch die Kastration für liturgische Musik. In China verkauften Eltern bis zur Gründung der Republik 1912 ihre Knaben als Palasteunuchen an den Kaiserhof.

4 Jaskelioff, Mariela et al.: »Telomerase reactivation reverses tissue degeneration in aged telomerase-deficient mice«. In: *Nature* 469, S. 102 ff. (January 2011).

5 Paul Cronenberg verbindet in seinen Filmen psychologische Aspekte des Albtraums mit einer kafkaesken, konsequent grenzüberschreitenden, verstörenden Körperlichkeit (*The Fly*, 1986, *Crash*, 1996). David Lynch: *Der Elefantenmensch*, 1980. *Brazil*, ein dystopischer Film von Terry Gilliam, 1985. 2011 erschien Pedro Almodóvars Film *Die Haut, in der ich wohne* und zeichnet in Assoziation zu Balzacs *Meisterwerk* die Rachefantasie eines Mannes, der als Chirurg

mithilfe der Biotechnologie in perverser Art zum allmächtigen Bildhauer wird. Auch die *Twilight-Saga*, ein beliebter Vampir- und Werwolfkitsch, zählt zu diesem Genre.

6 Seume, Johann Gottfried: »Spaziergang nach Syrakus im Jahre 1802«, Kap. 2. In: *Prosaschriften*. Köln 1962. S. 159.

Peter Felixberger
Das Coca-Cola-Komplott
Re-Design als Optimierungsprogramm

Eine platt gefahrene Coca-Cola-Dose mitten auf einer der meistbefahrenen Straßenkreuzungen in Brüssel. Vorbeifahrende Reifen malträtieren das Weißblech. Wie eine Flipperkugel klappert die Dose über den Asphalt, bis sie links liegen bleibt. Abseits der klebrigen Reifenpfade. »Die Schönheit liegt auf der Straße«, sagt Thorsten Baensch, huscht schnell hin und holt sich die deformierte Dose. Dann schaltet die Ampel auf Grün und der Verkehr setzt sich wieder in Bewegung. »Auf den ersten Blick eigentlich hässlich«, schmunzelt er, »aber mich interessiert das Verborgene, das Dahinter, die Seite, wo es poetisch wird.« Zu Hause angekommen landet die Cola-Dose erst einmal im Geschirrspüler. Nach dem Spülgang strahlt das Objekt. Verzerrt, verkratzt und verbogen. Das Coca-Cola-Logo quetscht sich durch die Blechfalten, Linien reißen ab, schwingen sich hinter einer Abrissfalte wieder hervor. »Besser kann man verbeulte Cola-Dosen nicht optimieren.« Baensch schmunzelt.

»The Coca Cola Collection« heißt sein neues Künstlerbuchprojekt. Es ist eine Sammlung weltweit zerstörter Coca-Cola-Dosen. Überfahren von schweren Lkw-Reifen. Zur Seite geschleudert, zur Ruhe gekommen, einsam und bedeutungslos. Die allererste Dose hat Baensch auf der Brooklyn Bridge in New York gefunden. Er hat sie frankiert und mit der Post nach Deutschland geschickt. Sie kam nach drei Wochen als »platt gefahrene Postkarte« in einer Plastikhülle an. Das war vor 23 Jahren. Die Zahl der Dosen steigt immer noch. Einige haben ihm auch Freunde geschickt. »Ich ziehe die Dosen meistens von der Straße, bewahre sie, damit sie weiterleben. Die schönsten liegen übrigens immer inmitten einer Kreuzung.«

Thorsten Baensch ist viel unterwegs. Als Flaneur in den Straßen großer Weltstädte. »Ich beleuchte Randgebiete und optimiere Vergessenes mit künstlerischer Kompetenz.« Selbst eine platt gefahrene Cola-Dose hat eine Schauseite und eine nicht so schöne Seite. »Warum, weiß ich nicht, aber es gilt für jede Dose.« Nur flach müssen sie sein, »ein Magnet auf der Rückseite, und schon könne man sie an die Wand hängen«.

»Ich möchte lieber nicht«

Thorsten Baensch ist Sammler und Verleger. Zusammen mit seinem Lebenspartner, dem EU-Beamten Norbert Schöbel, lebt und arbeitet er in Brüssel, München und neuerdings Berlin. Seit 17 Jahren führt Baensch den Verlag Bartleby & Co. Bartleby? Man erinnert sich vage an eine Figur aus der gleichnamigen Erzählung von Herman Melville. Ein Schreiber in einem Anwaltsbüro, der sich immer mehr der gut funktionierenden Arbeits- und Lebenswelt um ihn herum verweigert. Bis hin zur völligen Ablehnung. »Bartleby ist ein Abschreiber. Jemand, der kopiert. Beinahe ein Synonym für sture, gedankenlose Wiederholung; doch die Ödnis dieser Vorstellung kehrt sich sogleich ins Gegenteil, besinnt man sich der Wortbedeutung Kopie: lateinisch copia, Menge, Fülle, reicher Vorrat, ein Füllhorn.«

Baensch fühlt sich an diesem Punkt Bartleby nahe. Seine Buchobjekte sind Verweigerungen an die herkömmlichen Marktbedingungen. Aber gleichzeitig ein Füllhorn überraschend neuer Perspektiven. Es gibt sie in keiner Buchhandlung zu kaufen. Und die Auflagen sind aufreizend klein, meistens nur 20 Exemplare pro Edition. Alles Handarbeit, in höchster Qualität, was Satz und Druck betrifft. »Es sind hochkomplexe Bücher, die zunächst keiner liest«, sagt er lächelnd. Museen und Bibliotheken sind seine Kundschaft, und eine kleine weltweite Sammlerfamilie, die diese bibliophilen Entdeckungsreisen zu schätzen wissen.

Araucaria araucana

Brüssel, im Sommer 2011. Buchpräsentation in der Landesvertretung Rheinland-Pfalz. Thorsten Baensch und Norbert Schöbel präsentieren eine spektakulär neue Buchedition aus ihrem Verlag. Es geht um die Chilenische Araukarie, ein Baum, ein lebendes Fossil und Nachkomme einer Gattung, die es seit 200 Millionen Jahren auf der Erde gibt. Die beiden, der Künstler und der EU-Beamte, sind jahrelang in Europa und Südamerika gereist, haben diesen außergewöhnlichen Baum in Vorgärten genauso wie in der Wildnis fotografiert. Haben mit Forschern, Botanikern gesprochen, Blütenzapfen gesammelt, in denen die Samen als murmelgroße Pinienkerne schlummern. Nach Texten und Bildern in Folianten und Naturwerken gestöbert. Sich in Südamerika von Einheimischen erläutern lassen, wie man die Samen kocht. Und sie haben versucht, die äußerste Perspektivendifferenz dieses Baumes in einer editorischen Kleininstallation zu bannen. In drei Sprachen erzählen Baensch und Schöbel an diesem Abend von ihren Entdeckungsreisen und Forschungen rund um den Erdball.

Alle diese Perspektiven treffen sich nun im Innern einer großen Buchbox. Alte Reprints, Baumsamen in einem Glasgefäß, nüchtern fotografierte Baumunikate aus aller Herren Länder. »Das Buch ist wie eine Zeitkapsel«, sagt Baensch. Darin sind ganz einfache Materialien archiviert, die man in hundert Jahren wiederentdecken kann. Es sind genau solche Buchobjekte, die in den Archiven des Victoria and Albert Museums in London ebenso lagern wie im Museum of Modern Art in New York. »Unsere Objekte optimieren sich langsam«, lacht Baensch.

Sich für eine Sache Zeit nehmen, das ist für Baensch die eigentliche Optimierung. »Deshalb habe ich eigentlich immer Zeit. Zeit zum Nachdenken für den besonderen Blick auf die Welt.« Das Verlagsprogramm von Bartleby & Co. ist wie eine entspannte und leidenschaftliche Entdeckerreise durch Randgebiete, flankiert von »Büchern, die so keiner macht«. Die zweiteilige Ausgabe über Soldatennahrung in der US-Armee mit dem Titel *Eat and Die* findet sich ebenso wie der Leitfaden von

Thorsten Baensch
The Coca Cola Collection

»… Meine Haut riss auf …«

»… Falten wurden aufgeworfen …«

»… Farbe blätterte ab …«

»… Ich hatte unglaubliche Schmerzen …«   **101**

»… Aber ich hatte Glück im Unglück …«

»… Ich weiß nicht, wie lange noch.«

Ausschüssen, welche die Europäische Kommission bei der Ausführung ihrer Durchführungsbestimmungen unterstützt. *Die Welt der Komitologie zu Beginn des 21. Jahrhunderts* lautet der Untertitel des von Norbert Schöbel herausgegebenen Werkes *De Comitatibus*. Oder auch die fliegende Küche als Reisekoffer *Troc-X-Change* und die Edition *Chicken* mit einem rosa gehäkelten Hühnchen, wenn der Hunger kommt.

Objet trouvé

Ein künstlerisches Vorbild von Baensch ist Marcel Duchamp. Der hatte bereits die Auswahl eines Gegenstandes als künstlerischen Akt bezeichnet. Ein »Objet trouvé«. Wo aber findet man diese Gegenstände? Baensch lebt in Brüssel ganz in der Nähe des berühmten Flohmarktes »Jeu de Balle«, der täglich von sechs Uhr morgens bis 14 Uhr geöffnet ist. »Interessant ist, dass alle Sachen bis 14 Uhr einen Wert haben, etwas kosten. Punkt 14 Uhr verfallen die Preise, und man kann manche Dinge kostenlos mitnehmen.« Baensch ist ziemlich oft unterwegs im Quartier des Marolles. Der Zufall lässt ihn die Dinge entdecken. Ganz im Geiste Duchamps. »Man braucht Zeit fürs Entdecken«, lächelt er.

90 Kilometer südlich von Brüssel liegt Mons. Dort lehrt Baensch an der Kunsthochschule und zeigt angehenden Werbegrafikern diese neue Langsamkeit des Verlegens. »Drei bis vier Jahre ist die Wachstumsphase für ein Buch in unserem Verlag«, das müssen die auf Effizienz und Tempo codierten Studenten erst einmal begreifen. Die Ruhe finden, um das Besondere herauszukitzeln. Baensch, der in jungen Jahren in Hamburg eine Buchhändlerlehre absolvierte, begreift sich immer noch als Buchhändler alten Typs. Als Sammler, der die Welt vom Rand der Wahrnehmung her denkt. Der herumzieht und sich vom Zufall des Entdeckten inspirieren lässt. Selbst wenn es sich um Putzschwämme aus aller Welt handelt.

»Meine Entdeckungsreisen rund um den Erdball sind deshalb auch Reisen zu mir selbst«, sagt er. »Denn meine eigene Unvollkommenheit optimiert sich nur ganz langsam. Ich lerne viel mehr durch andere, die mir helfen, diese Bucheditionen noch perfekter zu gestalten. Noch differenzierter und immer wieder ganz anders neu erfunden. Das klassische Buch ist doch längst auserfunden. Es ist schon optimiert.«

Interview mit einer Coca-Cola-Dose

Woher kommst du?
Aus einem Kühlregal einer Tankstelle. Ich stand wochenlang neben einer Eistee-Packung.

Wie bist du da rausgekommen?
So ein Lkw-Fahrertyp hat mich an einem heißen Sommernachmittag gepackt. Mich in einem Zug geleert. Dann lag ich stundenlang auf dem Beifahrersitz in der prallen Sonne. Mir war so unendlich heiß.

Wie bist du auf der Straße gelandet?
Der Typ hatte mich leider nicht ganz ausgetrunken, sodass etwas Saft aus meiner Trinköffnung auf den Sitz floss. Als er es bemerkte, packte er mich und schleuderte mich fluchend aus dem Fenster.

Wie war die erste Zeit?
Ziemlich hart. Ich kam einfach nicht von dieser Kreuzung weg. Ständig wurde ich angefahren und stolperte umher. Mein Ziel war die Bordkante. Aber immer wenn ich nahe dran war, wurde ich wieder in die Mitte geboxt. Und dann kam dieser Moment …

Du meinst, als du richtig überfahren wurdest?
Genau. Es war ein großer, schwarzer Reifen. Er rollte ganz langsam auf mich zu. Ich hoffte, dass er mich wie üblich wegkicken würde. Aber dieses Mal passierte es. Er fuhr schnurstracks und voll mittig über mich hinweg. Es knarzte, knackte und quietschte. Ich sah plötzlich ein weißes Licht.

Was hast du dabei empfunden?
Nicht viel. Es drückte mir die Luft ab. Meine Haut riss auf, Falten wurden aufgeworfen, Farbe blätterte ab. Ich hatte unglaubliche Schmerzen. Aber ich hatte Glück im Unglück.

Du warst fast tot?
Ja, aber der Hinterreifen beförderte mich mit einem plötzlichen Tritt in eine Ecke der Kreuzung, wo alles still war, wo kein Verkehr mehr hinkam. Dort lag ich dann. Verbittert. Ausgetrocknet. Am Boden zerstört. Ich hatte zum ersten Mal in meinem Leben Selbstmordgedanken.

Was hat dich gerettet?
Ich bin kein Typ, der die Flinte schnell ins Korn wirft. Ich wollte weiterleben. Es vergingen Monate. Der Regen wusch die bösartigen Reifenverletzungen ganz langsam ab. Ich hatte mich mittlerweile mit ein paar Blättern an der Bordsteinkante festgesetzt. Irgendwie waren wir alle zusammen glücklich. Die Stimmung war friedlich. Wir beobachteten Tag und Nacht den Verkehr, der an uns vorbeirauschte.

Und wie bist du in die Coca Cola Collection gekommen?
Reiner Zufall. Es war November und schon das zweite Jahr. Ich hatte mich gerade auf den ersten Schneefall vorbereitet. Und dachte: »Wie schön es doch unter der Schneedecke wieder werden würde!« Da nahm mich dieser Mensch in die Hand. Er lachte mich an und sagte: »Ein Prachtexemplar!« Gut, ich hatte mich zwischenzeitlich gut von meinem Unfall erholt, aber hätte der mich mal früher gesehen. Schlimm war dann nur die Stunde im Geschirrspüler. Ich wäre fast erstickt.

Wie geht es dir heute?
Ich bin ganz zufrieden. Ich lebe in einer Buchbox in einer Bibliothek in Paris. Sorgen mache ich mir nur um die volle Cola-Dose neben mir. Sie redet immer von dem Druck, den sie nicht mehr lange aushalten kann. Ich weiß nicht, wie lange noch. Ist eine tickende Zeitbombe.

Gut verstehen wir uns hier: vor allem das kleine Booklet, in dem das Kleingedruckte der Dosen-Rückseite aus verschiedenen Ländern und Kulturkreisen abgebildet ist, oft reden wir den ganzen Abend. Da vergeht die Zeit wie im Fluge.

Das Interview mit der Coca-Cola-Dose auf Seite 106 ff. führte Peter Felixberger im April 2012 in Brüssel.

James Shikwati
Die Optimierungsfalle
Warum sich Afrika aus der westlichen und asiatischen
Entwicklungshilfe befreien muss

Der Wettbewerb zwischen dem Westen und Asien um den Zugang zu
Afrikas natürlichen Ressourcen und seinen Märkten bietet den Afrikanern die Chance, sich so zu verändern, dass sie ihren täglichen Herausforderungen kreativ begegnen, die Verantwortung für ihr Schicksal
selbst übernehmen und ein vereinigtes Afrika aufbauen können.

Das Bemühen des Westens, uns Afrikaner nach europäischem Vorbild
zu entwickeln, hat uns zu einer westlichen Kopie werden lassen und
uns die Orientierung genommen. Es stellt sich deshalb die Frage:
Können wir mit unserer gegenwärtigen Denkweise unsere soziopoli-
tischen und wirtschaftlichen Aufgaben meistern, um aktiv am Welt-
geschehen teilzunehmen? Denn was nützt es uns, wenn Autobahnen
und Hochhäuser in unserer Mitte gebaut werden, wir aber unsere
Identität verlieren? Überdies müssen wir uns damit herumschlagen,
dass wir in einer Subsistenz- oder Selbstversorgungswirtschaft gefangen sind.

Der Westen hat sich dadurch hervorgetan, statt Produktionsmitteln
Zerstörung nach Afrika zu bringen, vor allem Waffen. Ein Blick in die
Geschichte zeigt, warum das so ist: Mit der Kongoakte, den Beschlüssen der Berliner Afrika-Konferenz von 1885, hat sich der Westen for-
mell entschieden, die Afrikaner dauerhaft zu optimieren. Im Februar
1885 beschlossen die führenden europäischen Mächte und ihre Verbündeten – insgesamt 14 Unterzeichnerstaaten –, über die Modernisierung der Afrikaner zu wachen. So wie ein vom Parlament beschlosse-
nes Gesetz durch eine Reihe von gesetzlichen Vorschriften das Verhalten

einer bestimmten Gruppe von Menschen beeinflussen soll, haben die Kongoakte und deren spätere exekutive Verfeinerungen in Form von Kolonialgesetzen und den Beschlüssen internationaler Institutionen wie der Weltbank oder dem Internationalen Währungsfonds den Mythos genährt, allein der Westen wüsste, was gut für die Afrikaner ist.

Um diesen Mythos zu entzaubern, müssen sich die Afrikaner bemühen, ihre innere Einstellung von äußeren Einflüssen zu befreien, indem sie ihre eigene Gesetzgebung entwickeln – siehe die Afrikaakte 2012, auf die ich später noch zu sprechen komme.

Die Chinesen wiederum haben mit ihrer Politik des Einhaltens der »fünf Prinzipien der friedlichen Koexistenz« eine andere Haltung eingenommen. Dazu gehört die Nichteinmischung in die inneren Angelegenheiten anderer souveräner Staaten. Im Unterschied zum Westen, der das Schicksal der Afrikaner über deren Köpfe hinweg zu bestimmen versuchte, gründeten die Chinesen im Jahre 2000 gemeinsam mit den Afrikanern das »Forum on China–Africa Cooperation« (FOCAC).

Einen Höhepunkt dieser Initiative konnte man im November 2006 erleben: Damals trafen sich die Staatsoberhäupter (Regierungen samt Delegationen der Volksrepublik China und von 48 afrikanischen Ländern) in Peking, um eine strategische Partnerschaft zwischen China und Afrika zu verankern. Seither haben die Chinesen und die Afrikaner gemeinsam unterschiedliche Strategiepläne entwickelt, darunter den »FOCAC Strategic Plan 2010–2012«. Angesichts der derzeitigen afrikanischen Einstellung kann es jedoch passieren, dass die auf dem FOCAC getroffenen Entscheidungen wieder nur auf die »Abwesenheit« der Afrikaner am Verhandlungstisch hinauslaufen.

Die Zerstörung der afrikanischen Software

Das afrikanische Dilemma kann man anhand einer Computersoftware erläutern. Diese afrikanische Software erzeugt die gegenwärtige Misere der Menschen auf dem afrikanischen Kontinent, denn die Architekten des westlichen Einmarsches nach Afrika haben die afrikanische Software ausdrücklich so umgeschrieben, dass sie den Interessen des Westens dient. Es wurden die Institutionen der Ureinwohner aufgelöst und stattdessen neue Nationalstaaten mit einer neuen Verwaltungsstruktur geschaffen. Die Staatsverfassungen beispielsweise, die den nun unabhängigen Staaten vermacht wurden, sicherten die Interessen der scheidenden Kolonialmächte auf Kosten der Afrikaner. Kurzum: Der Westen hat die afrikanische Kultur und Religion umgestaltet. So wurden Personennamen oder Ortsbezeichnungen durch westliche ersetzt, was man etwa an Namen wie James oder der Bezeichnung Viktoriasee, Lake Victoria, erkennen kann. Auch die autochthonen Religionen wurden durch christliche Missionare aus dem Westen kontinuierlich verschüttet.

Eine der einschneidenden Strategien, die der Westen bei der Überarbeitung der afrikanischen Software außerdem einsetzte, erfolgte auf dem Gebiet der Erziehung. Auf der Grundlage des »Asquith Report« führten die Engländer ab 1945 ein Bildungssystem ein, dessen Ziel es war, Afrikaner für den Kolonialdienst auszubilden. Solch eine Bildung verfolgte keinen interdisziplinären Ansatz, der die Afrikaner in die Lage versetzt hätte, die sich ihnen stellenden Herausforderungen zu meistern. Statt ein eigenes Bildungsprogramm zur Bewältigung der afrikanischen Probleme zu entwickeln, wurden die Kinder in Afrika immer wieder aus ihren Dörfern gerissen und auf Internate geschickt, wo man ihnen beibrachte, sich dem westlichen Denken anzupassen.

Das schlimmste Erbe des Westens jedoch war das aufoktroyierte Eigentumsrecht, das im völligen Gegensatz zu den ursprünglichen Regelungen stand. Bestehende gewohnheitsrechtlich begründete Besitzverhältnisse hat der Westen einfach missachtet und seine eigenen Vorstellungen von verbrieften Besitzrechten und den Rechten und Pflichten, die mit Landbesitz und natürlichen Ressourcen einhergehen, durchgesetzt. Bis heute schwelen deshalb in Afrika ungelöste Streitfälle um Eigentum und Landnutzungsrechte; überdies verloren die afrikanischen Frauen in dieser neuen Ordnung weitgehend ihre Rechte. Auf diese Weise verlor der Kontinent die Afrikaner, weil der Grundbaustein, auf dem Führung basiert, zerfiel.

Bevor der Westen Afrika eroberte, gab es hier Kulturen mit Städten und Staaten. Doch das Bemühen, die Afrikaner nach westlichem Vorbild neu zu erschaffen, hat die afrikanische Software zerstört. Es entstand das Gegenteil: Malware, die über ein Jahrhundert lang zu einer politischen und wirtschaftlichen Desorientierung Afrikas führte. Als Folge davon erleben die Afrikaner mitten im Überfluss Armut.

Ein Indikator für die Beschädigung der afrikanischen Software ist die Bereitschaft des Kontinents, seinen Reichtum zu exportieren und die Armut zu behalten. Die afrikanischen Minen etwa wurden schon immer für die wirtschaftliche Entwicklung westlicher Staaten genutzt – seit der Kolonialzeit bis heute. Doch in Afrika herrschen weiter Armut und Krieg, obwohl es hier 60 Prozent unbebauter Ackerfläche gibt. Am schlimmsten ist jedoch, dass durch die Malware fast 200 Millionen Afrikaner ständig von Hunger bedroht sind, während das unbebaute Ackerland ausländische Landräuber anlockt.

Auch intellektuell konnten die Afrikaner keine eigene Position entwickeln und Lösungen für ihre Probleme finden, weil sie noch immer dem Einfluss westlicher Heilslehren unterliegen. So hat der Westen mit Hilfe der Weltbank die berüchtigten Strukturanpassungsprogramme (SAP) durchgedrückt, welche die wirtschaftliche Abhängigkeit von außen sowie die Strukturschwächen im Inneren und Fehlentwicklungen nur noch vergrößert haben. Diese Programme dienten dazu, die Ressourcen der betroffenen Länder abzuschöpfen, ihre Produktionsleistung für die Schuldentilgung einzusetzen und einen Zugang für internationale westliche Unternehmen zu schaffen. Die Finanzierung durch Geberländer (Donor Financing) wurde entwickelt, um arme Länder dazu zu bringen, massenhaft Konsumgüter und Grundnahrungsmittel aus dem Westen zu importieren. Schließlich führten die SAP überall in Afrika zu Brotrevolten und Protesten gegen steigende Ausbildungsgebühren. Als ich 1993 Student an der University of Nairobi war, wurde diese aufgrund der Anti-SAP-Aufstände für ein Jahr geschlossen. Wir bekamen Bewährung, mussten uns aber ständig bei einer staatlichen Stelle melden, damit man sichergehen konnte, dass wir uns an die neuen Spielregeln hielten. Die anhaltende Finanzkrise hat jedoch zu einer unsanften Erschütterung der Philosophie der Strukturanpassungsprogramme geführt. Die westlichen Zitadellen, von denen aus man den Afrikanern den Segen der Privatisierung, der Deregulierung und der Zurückdrängung des Staates gepredigt hatte, haben durch die staatlichen Rettungsmaßnahmen für Privatunternehmen nun eine komplette Kehrtwende vollzogen. So berichtete das *Wall Street Journal* 2008 über Aufwendungen der US-Regierung zur Rettung der American International Group (AIG) in Höhe von 85 Milliarden US-Dollar.

Entwicklungshilfe dient den marktbeherrschenden Mächten

Die von den USA, Europa, Australien, Japan und ihren Verbündeten dominierte Entwicklungshilfe-Industrie dient den Interessen der Geberländer. Diese Interessen reichen von einem Zugang zu den Märkten oder der Angst vor politisch, ökonomisch oder durch den Klimawandel bedingten afrikanischen Migrationsströmen über umfassende Sicherheitsbedenken einschließlich Terrorismus und Krankheiten und dem Bestreben, sich Zugang zu den riesigen natürlichen Ressourcen des Kontinents zu verschaffen und sie zu kontrollieren, bis hin zu den geopolitischen Machtspielen.

Gleichwohl beansprucht die Entwicklungshilfe die Rolle des Problemlösers für sich, während sie den afrikanischen Empfängern den passiven, schweigenden Part zuweist.

So ist die Geschichte Afrikas immer auf Stummschaltung eingestellt gewesen, denn das System der Unterdrückung hat sich in den vergangenen 500 Jahren nicht verändert, außer dass man jetzt nicht mehr von zu kolonisierenden Wilden spricht, sondern von armen Leuten, denen geholfen werden müsse.

Die westliche Welt leidet am Eroberungs- beziehungsweise am Befreiungssyndrom und kann nur wahrnehmen, was ihrem eigenen Weltbild entspricht; alles andere wird negiert. Jacques Depelchin zeigt in seinem 2004 erschienenen Buch *Silences in African History. Between Syndromes of Discovery and Abolition* nachhaltig eine der Vorgehensweisen des Westens auf: Schaff ein Problem und gib Dich dann als dessen Lösung aus! Nachdem man beispielsweise die Afrikaner versklavt hatte, spielten sich Westler als Sklavenbefreier und Menschenrechtsverfechter auf.

Ebenso ist es heute: Nachdem man den Kontinent dank der Vorschriften internationaler Organisationen, man denke an die Strukturanpassungsprogramme, ausgeplündert hat, gibt man sich nun als großer Armutsbekämpfer und bedient sich dazu Plattformen wie den UN-Millenniumsentwicklungszielen.

Um alle Problemlösungen samt Begleitmusik zu finanzieren, haben westliche Länder seit 1960 geschätzte 3,2 Billionen US-Dollar an arme Länder überwiesen. Von dieser Summe hat Afrika ungefähr eine Billion eingesackt. Weltweit verfügt die Entwicklungshilfeindustrie derzeit über schätzungsweise 200 Milliarden US-Dollar jährlich. 120 Milliarden US-Dollar stammen von Mitgliedern des vorwiegend prowestlichen Development Assistance Committee (DAC), 60 Milliarden US-Dollar von privaten Nichtregierungsorganisationen, Stiftungen und kirchlichen Gruppen oder Unternehmen und zehn Milliarden US-Dollar aus bilateraler Wirtschaftshilfe. Diese Zahlen verschleiern allerdings die Tatsache, dass die ausgezahlten Mittel vor allem dazu dienten, den ausländischen Einfluss auf die Afrikaner zu etablieren und aufrechtzuerhalten und sie eben nicht zu befähigen, ihre eigene Software zu entwickeln, um selbst einen Pfad zu mehr Wohlstand zu finden.

Das Syndrom des Westens ist im Übrigen durch die Vorstellung vom Teufelskreis der Armut dauerhaft wirksam. Demzufolge dauern Stagnation und Armut notwendigerweise unendlich: Arme Länder und arme Leute bleiben in der Armut gleichermaßen gefangen, aus der es kein Entkommen gibt, weil sie nicht genügend Mittel erwirtschaften können, um etwas davon zu sparen und so dieser Falle zu entkommen. Allerdings enthält diese Vorstellung ein Überlegenheitsgefühl, das Arme auf den Status von Tieren herabsetzt, die nicht in der Lage sind, sich durch ihren eigenen Einfallsreichtum von der Armut zu befreien und zu Wohlstand zu gelangen.

Im Ergebnis gestalten die Geber die Wirtschafts- und Regierungssysteme in Afrika, die folgerichtig für die Entrechtung der afrikanischen Völker sorgen, sodass diese nicht selbst bestimmen können, was für sie passend ist. So wie die Entwicklungshilfe gegenwärtig konstruiert ist, verhindert sie Entwicklung, indem sie den Menschen die Möglichkeit verweigert, ihre soziale, politische und wirtschaftliche Misere durch den Einsatz ihrer eigenen Erfindungsgabe hinter sich zu lassen.

Durch die Konzentration auf die von außen übergestülpten und mit Hilfsgeldern geförderten Lösungsansätze blieben die Afrikaner, wie Gregory Clark in seinem 2007 veröffentlichten Werk *A Farewell to Alms. A Brief Economic History of the World* darlegt, in einem »malthusianischen Zustand« gefangen, in dem technische Neuerungen das Bevölkerungswachstum stimulieren und gleichzeitig der Lebensstandard auf Subsistenzniveau fällt. Eine malthusianische Wirtschaft geht zumeist mit einem geringen technischen Fortschritt einher, was das Bevölkerungswachstum zur Bedrohung werden lässt. Die Länder des Westens errangen hingegen ihren Status durch den von menschlichem Erfindergeist getriebenen technischen Fortschritt, aber die Afrikaner halten sie davon ab, genau diesen Weg zu beschreiten.

Die Haltung der Problemlöser hat die Selbsthilfekompetenz Afrikas beschädigt. Denn die Bereitstellung von Geld und von außen übergestülpten Konzepten gleicht der Behandlung von in Farmen eingesperrten Tieren, denen man Medikamente, Futter und Unterbringung bietet. Wenn dann der Futterlieferant aus irgendeinem Grund ausfällt, sterben die Tiere. Und wenn der Versorger den Bestand der von ihm gehaltenen Tiere nicht kontrolliert, können sie sich so vermehren, dass sie eines Tages den Zaun niederreißen. Das ist, wie in den Medien berichtet, zum Teil der Grund dafür, warum westliche Länder so strenge Visabestimmungen für Afrikaner haben: Man fürchtet, dass die Afrikaner den Zaun überrennen.

Das Zeitalter Asiens

Über China hat sich mittlerweile halb Asien darangemacht, mit seinen Paradigmen an die Tür Afrikas zu klopfen. Werden die Afrikaner nun nach asiatischem Vorbild umgemodelt? Das wieder erstarkende Interesse an Afrika, das aufstrebende Wirtschaftsmächte wie China und Indien gerade zeigen, sollte uns Afrikaner zur Wachsamkeit mahnen, damit wir vor weiterer Desorientierung und Unterentwicklung auf der Hut sind. Schließlich haben wir auch mit China und Indien bereits unsere Erfahrungen gesammelt, wobei der indische Einfluss auf dem Kontinent relativ sanft geblieben ist.

Von den geschätzten 20 Millionen Menschen indischer Herkunft, die außerhalb Indiens leben, wohnt die Mehrheit in Afrika, der Karibik und Ozeanien. Über Jahrhunderte hinweg haben indischstämmige Kaufleute den Handel Ostafrikas dominiert und auch dessen Küche beeinflusst. Seinen Höhepunkt fand das Wiedererstarken des indischen Engagements in Afrika im April 2008 mit der Ausrichtung des Indien-Afrika-Gipfels.

Die chinesische Herausforderung

Die geopolitischen Gravitationskräfte sind immer in Bewegung. Mal ging ihre Zugkraft von arabischen Ländern aus, mal von Portugal, Spanien, den Niederlanden oder Großbritannien. Gegenwärtig wandert ihr Zentrum in östliche Richtung, wie man an der Zunahme chinesischer Aktivitäten in Afrika sehen kann: Innerhalb einer Dekade ist Chinas Handelsvolumen hier von 10,6 Milliarden US-Dollar im Jahre

2000 auf 115 Milliarden US-Dollar im Jahre 2011 gestiegen. Momentan wächst es um 44 Prozent pro Jahr.[1]

Die Chinesen halten sich an den Grundsatz, dass nur die Afrikaner wissen, was am besten für sie ist. Dadurch ist China zum wichtigen strategischen Partner für die afrikanische Zukunft in einer künftigen multipolaren Welt geworden. Auch beharrt China wie Afrika weiterhin darauf, eine Entwicklungsregion zu sein. Während die chinesische Fähigkeit, ein großes Territorium und eine Bevölkerung von mehr als einer Milliarde Menschen zu steuern, für das immer noch zersplitterte Afrika ein nachahmenswertes Vorbild liefert, bietet ein stärkeres Afrika China und der Welt eine Möglichkeit, die Rolle, welche die Vereinten Nationen bei internationalen Angelegenheiten und für die internationale Wirtschaft spielen, kritisch zu hinterfragen.

Chinas Rückkehr nach Afrika hat das traditionelle Bild von Afrika als verlorenen Kontinent dahin gehend verändert, dass man es jetzt weithin als Wachstumsmotor für die Weltwirtschaft anerkennt. Elemente der westlichen Hegemonie – Kapitalmärkte, Bankensysteme, Devisenkontrollen, Gütermärkte, globale Fabriken, Kontrolle der Seewege, Weitergabe des Wertesystems sowie die militärische und technologische Überlegenheit – haben dazu geführt, dass Afrika als wertloser, vom Pech verfolgter Kontinent gesehen wurde. Westliche Institutionen hielten es daher nicht für reizvoll, in die finanzielle Infrastruktur oder in größere Entwicklungsvorhaben in Afrika zu investieren. Das Ergebnis war ein gettoisiertes Afrika mit einer Milliarde Menschen, die der Westen (die Komfortzone) in zunehmendem Maße nicht länger tolerieren kann.

Die Chinesen scheren sich nicht um die Einschätzung der westlichen Welt gegenüber Afrika und investieren im großen Stil in hiesige Infrastrukturprojekte. Ihr Engagement im Infrastrukturbereich wuchs laut Weltbank von jährlich unter einer Milliarde US-Dollar in den Jahren 2001 bis 2003 auf 1,5 Milliarden US-Dollar pro Jahr im Vergleichszeitraum 2004 bis 2005. 2006 erreichte es sieben Milliarden US-Dollar pro Jahr, um allerdings im folgenden Jahr auf 4,5 Milliarden US-Dollar abzusinken. Die Chinesen sind dabei, 1350 Kilometer Eisenbahn wieder in Betrieb zu nehmen und 1600 Kilometer Bahnstrecke neu zu bauen. Sie sind sogar noch weiter gegangen und haben ein supermodernes Hauptquartier für die African Union (AU) gebaut, das im Januar 2012 eingeweiht wurde. Durch den Bau des Hauptquartiers der African Union hat China seine Einstellung, Afrika als Einheit zu begreifen, untermauert – übrigens eine ganz neue Sichtweise gegenüber Afrika, die sich deutlich von der des Westens unterscheidet. Dem ging es schließlich immer darum, ein Bild seiner selbst zu schaffen und den Kontinent entsprechend den von der englischen, portugiesischen, französischen und spanischen Sprache beherrschten Gebieten aufzuteilen. Die chinesische Haltung zeigt sich auch in ihren Veröffentlichungen. So weist etwa der »China–Africa Trade and Economic Relationship Annual Report 2010« aus, dass das chinesische Investitionsvolumen in Afrika von 2002 bis 2009 von 220 Millionen US-Dollar auf 1,44 Milliarden US-Dollar gestiegen ist. Das afrikanische Investitionsvolumen in China wuchs im gleichen Zeitraum von 280 Millionen US-Dollar auf 1,31 Milliarden an. Der Bericht zeigt ebenfalls auf, dass Ende 2009 insgesamt 50 afrikanische Länder in 4269 Projekte in China investiert haben. Mauritius zeichnet sich dabei als Afrikas größter Investor in China aus, gefolgt von Südafrika, Nigeria, Ägypten, Namibia, Tunesien und den Seychellen.

Die Behandlung Afrikas durch die Chinesen verrät ein völlig anderes Vorgehen als das des Westens. China begreift Afrika auch als Investor in China und hat daher detaillierte Maßnahmen ergriffen und Sonderwirtschaftszonen für afrikanische Investoren ausgewiesen, namentlich Guangdong, Schanghai, Zhejiang, Jiangsu, Tianjin und Shandong. Durch ihr Vor und Zurück in der Geschichte sitzen die Chinesen nicht dem westlichen Anspruch auf, Afrika »helfen« zu wollen. Stattdessen konzentrieren sie sich auf die chinesischen Interessen, die mit Freundschaftsbezeugungen ummantelt werden, wie man am häufigen Gebrauch von Worten wie »Freundschaft« oder »Einheit« erkennen kann.

Immerhin kommt dem Westen das Verdienst zu, Tausende ethnischer Gemeinschaften zu 54 Nationalstaaten vereinigt zu haben. Chinas Auftreten könnte nun bewirken, dass sich die afrikanischen Nationalstaaten zu einem riesigen Afrika verbinden.

Allerdings ist Vorsicht geboten: Wenn schon der Westen Nationalstaaten schuf, um seine eigenen Interessen zu verfolgen, dann ist nicht anzunehmen, dass China ein Riesenreich zum Wohle der Afrikaner schaffen wird.

Die schönen Statistiken, die das Vordringen der Chinesen in Afrika dokumentieren, vermitteln den Afrikanern allerdings auch das Gefühl, bedrängt zu werden. So sind, wie der *Economist* berichtet, in den vergangenen zehn Jahren angeblich mehr Chinesen nach Afrika gekommen als Europäer in den 400 Jahren zuvor.[2] Immer noch mangelt es an echten Afrikanern, die in der Lage sind, Entscheidungen ohne den unzulässigen Einfluss des Westens oder Chinas zu fällen. Bei der Eröffnung des »China–Africa Joint Research and Exchange Program« im Jahre 2010 bemerkte der frühere ugandische Botschafter in China, Philip Idro: »Der neue Schatz für den Kontinent ist der mutige und furchtlose afrikanische Intellektuelle, der uns dabei hilft, unsere verlorene afrikanische Identität wiederzufinden.«

Lektionen für Afrika

Lektion 1: Die Afrikaner haben schon immer ihre eigene Unterjochung unterstützt.

Der Zusammenbruch der arabischen Macht in Ost- und Zentralafrika rührte nicht etwa daher, dass die Afrikaner den Westen gegen die Araber ausgespielt hätten. Im Gegenteil: Afrikanische und arabische Unterhändler, eine höher entwickelte Technologie, die Abolitionisten und christliche Missionare halfen dem Westen dabei, ins Land vorzudringen.

Recht erhellend hinsichtlich der letzten Tage der arabischen Dominanz in Ost- und Zentralafrika ist die Geschichte von Tippu Tip (Hamad bin Muhammad bin Jumah bin Rajab bin Muhammad bin Saʿīd al-Murghabī). Tippu Tip wird verschiedentlich als berüchtigter Sklavenhändler beschrieben (er selbst hatte 10 000 Sklaven), außerdem als Plantagenbesitzer, als Sultan von Utetera, als Gouverneur des heutigen Kongo, als erfolgreicher Elfenbeinhändler und als wichtigster Fremdenführer einiger berühmter westlicher Entdecker wie Henry Morton Stanley oder David Livingstone.

Tippu Tip lebte zu der Zeit, als die arabische Herrschaft ihren Höhepunkt erreicht hatte und die Araber afrikanische Chiefs, ausgerüstet mit Speeren und Keulen, dank der Überlegenheit ihrer Gewehre terrorisierten. Er starb 1905 in Sansibar. Man ahnt, wie die alten Routen ins Innere beschaffen waren, auf denen Tausende Männer zwischen dem Hinterland und den Städten der ostafrikanischen Küste hin und her zogen. Die Geschichte des Sklaven- und Elfenbeinhändlers Tippu Tip lässt ein Marktsystem erkennen, das auf Perlen als Zahlungsmittel basierte, mit dem man Elfenbein als Rohstoff und die *shensi*, afrikanische Ureinwohner, als kostenlose Arbeitskräfte kaufte. Und sie zeigt, wie die arabische Dominanz sang- und klanglos endete.

China indessen wendet bei seinem Vordringen in Afrika weiche Methoden an. Seine hiesige gesellschaftliche, politische und wirtschaftliche Präsenz wird von afrikanischen Regierungen sogar unterstützt.

Lektion 2: Durch die Zerstörung der bestehenden Marktordnung wird eine Region unterworfen.

Der Westen hat die Araber entmachtet, indem er das bestehende Marktsystem, das ihnen als Machtbasis diente (Sklaven- und Elfenbeinhandel), zerstörte. Es sei angemerkt, dass die Araber nie daran interessiert waren, die Afrikaner zu befähigen, ihr Schicksal in die eigenen Hände zu nehmen. Ebenso hatte (und hat) der Westen, seit er die Macht übernahm, kein Interesse daran, die Afrikaner dabei zu unterstützen, ihr

Schicksal durch eine wertschöpfende Produktivität selbst zu meistern. Wie schon in den Tagen der arabischen Hegemonie geht es nur darum, an Rohstoffe und Märkte zu gelangen.

Das chinesische Vordringen weist diesbezüglich das gleiche Muster auf: Auch die Chinesen sind (als neue Werkbank der Welt) dabei, die globale Marktordnung zu zerstören, indem sie billige Produkte auf den Markt bringen. Kleine und mittlere afrikanische Unternehmen sind daher durch chinesische Händler gefährdet. Das chinesische Modell der Nichteinmischung in die inneren Angelegenheiten souveräner Staaten verrät in Wirklichkeit ihr mangelndes Interesse, die Afrikaner zur Selbstbestimmung zu befähigen.

Lektion 3: Der Einsatz von Werten ist ein Instrument zur Knechtung.

Der Westen konnte durch sein umfängliches Wissen über die Afrikaner (das er von Entdeckern und Missionaren hatte) sowie durch den Kontakt zu den Arabern die afrikanischen Wertesysteme aushebeln, etwa die Autorität der Häuptlinge und Könige. Auch führte er einen ungleichen Handel zu seinen Gunsten ein. Unter dem Banner der Sklavenbefreiung fand der Westen einen leichten Zugang zu den Herzen der Afrikaner, der jedoch gegen die Araber gerichtet war. Die Chiefs wurden manipuliert, damit sie freiwillig ihr Land per Vertrag abtraten, der, wie es der britische Beamte Captain Frederick D. Lugard formulierte, so gestaltet war, dass »kein Mann bei Verstand solches unterschrieben hätte. Zu behaupten, ein wilder Häuptling wäre darüber informiert worden, dass er dadurch ohne Gegenleistung alle Rechte an die Company (die British East Africa Company) abtrat, ist offensichtlich unwahr.«[3]

Die chinesische Präsenz in Afrika wird momentan vor allem durch Staatsbetriebe gefördert. Die Chinesen nutzen langfristige Konzessionsverträge zur Ausbeutung von Mineralien, und sie nutzen ihre Politik der Nichteinmischung, staatlich geförderte Investitionen und den Verzicht auf den Export von Wertesystemen zur Unterminierung des

Westens und zur Umformung Afrikas. Ihr Einfluss in Afrika läuft den westlichen Zielen der Förderung der Menschenrechte und der Korruptionsbekämpfung zuwider.

Lektion 4: Durch den Einsatz überlegener Technik wird eine Region unterworfen.

Die westlichen Regierungen sicherten sich ihren Zugriff und ihre Präsenz auf dem Kontinent durch den Einsatz ihrer überlegenen Waffen (eine Gabe der industriellen Revolution) und durch ihre fortgeschrittenen medizinischen Mittel (besonders im Kampf gegen die Malaria). Tippu Tip, afrikanische Chiefs, arabische Holzmusketen und die afrikanische Perlenwährung wurden dadurch obsolet.

Derzeit offenbaren die Chinesen noch nicht, worin ihre überlegenen Waffen und ihre Technologie bestehen. Sie verwenden einfach Niedrigpreise, Markenpiraterie und die Nachahmung westlicher Technologie, um sich Zugang zu Afrika zu verschaffen.

Ausblick:
Afrika muss sich auf sich selbst besinnen

Die Afrikaner müssen sich auf sich selbst besinnen, wenn sie die Rolle verändern wollen, die sie bei der aktuellen Misere spielen. Das bedeutet zunächst, sowohl die inneren als auch die äußeren systemischen Herausforderungen zu analysieren, mit denen sie konfrontiert sind. Bei den inneren geht es um die kurzzeitigen kulturellen Faktoren, die dazu geführt haben, dass die Afrikaner weniger in die Sicherung ihrer eigenen und die Zukunft ihrer Kindeskinder investieren. Eine Analyse der äußeren systemischen Herausforderungen hingegen fördert das langfristige strategische Denken und gibt den Afrikanern die richtigen Instrumente an die Hand, um an internationalen Aktivitäten teilzuhaben.

Das Fehlen einer guten Führung sowie Regierungen, die nicht im afrikanischen Interesse handeln, sind vor allem auf die defekte afrikanische Software zurückzuführen. Die aber lässt sich nur durch eine Generalüberholung des afrikanischen Bildungswesens reparieren, damit es sich auf die Werte der afrikanischen Persönlichkeit und die Produktivität der Afrikaner konzentriert. Das neue Bildungswesen sollte die afrikanische Software wiederherstellen, damit die Afrikaner endlich erkennen, welche Möglichkeiten ihr Kontinent bereithält und wie sie die globale Welt aktiv mitgestalten können. Dazu gehört auch ein Verständnis dessen, wie die geopolitischen Systeme ihre Erwartungen und Ziele beeinflussen.

Durch eine Selbstanalyse wird Afrika auch in die Lage versetzt, etwas gegen seine miserable Leistungsbilanz zu unternehmen, die bei nur drei Prozent des nach Schätzungen des African Trade Forum im Jahre 2010 etwa 30 Billionen US-Dollar betragenden Welthandels liegt. Auch wird es sich dann fragen, warum der innerafrikanische Handel noch immer gerade einmal zehn Prozent ausmacht, und eine investorenfreundliche Politik entwickeln, um eine wertschöpfende Produktion nach Afrika zu ziehen.

Die Selbstanalyse wird ferner zeigen, dass innerafrikanische Investitionen, die momentan rund sechs Milliarden US-Dollar betragen, ein großes Entwicklungspotenzial haben, wie das eine Billion US-Dollar umfassende Projekt einer Freihandelszone zwischen Kapstadt und Kairo belegt. Die Analyse wird zudem ergeben, dass es laut der African Development Bank im Jahre 2010 bereits 310 Millionen Afrikaner gab, die täglich zwischen zwei und 20 US-Dollar ausgeben. Dann ist da noch die steigende Urbanisierung (schätzungsweise 40 Prozent aller Afrikaner leben in städtischen Regionen) sowie die hohe Investitionsrendite in Afrika, die zur höchsten weltweit zählt. Und einer 2010 veröffentlichten Studie von McKinsey zufolge lassen sich in Afrika in den Bereichen Konsumgüterindustrie, Landwirtschaft, Ressourcen und Infrastruktur im Jahre 2020 insgesamt Einnahmen in Höhe von 2,6 Billionen US-Dollar erzielen.[4]

Um sich aus ihrer momentanen Desorientierung und Entrechtung zu befreien, sollten die Afrikaner ...

♦ ... herausfinden und beseitigen, was ihre Fähigkeiten blockiert. Dazu gehören internationale Leitlinien wie die Millenniumsziele, die den westlichen Mächten und ihren Vertretern die Handhabe zur Intervention und dazu bieten, den Afrikanern ihr eigenes System überzustülpen. Die Afrikaner müssen sich vor der derzeit errichteten Infrastruktur der Entwicklungshilfeindustrie hüten, da sie dazu dient, den Status quo innerhalb der globalen politischen, wirtschaftlichen und gesellschaftlichen Systeme zu erhalten.

♦ ... neue Strukturen entwickeln und schaffen, die eine optimale Runderneuerung erleichtern. Diese Runderneuerung ließe sich durch eine Ausrichtung der politischen Führung in Afrika an den Prinzipien des Act of Africa 2012 erreichen. Er kann als Benchmark für alle Unterstützungsmaßnahmen der Afrikaner dienen, ihr Schicksal selbst in die Hand zu nehmen und angemessen auf die indirekte Maschinengewehrpolitik sowohl des Westens als auch Asiens zu reagieren. Im Bereich der Gesetzgebung brauchen die Afrikaner einen vernünftigen, auf einem vom Parlament verabschiedeten Gesetz gründenden Ansatz, der Entscheidungsprozesse und Aktivitäten auf der Graswurzelebene sowie auf nationaler und kontinentaler Ebene (African Union) bündelt. Der vorgeschlagene Parlamentsakt sollte lauten:

The Act of Africa 2012

Im Namen des allmächtigen Schöpfers des Universums wollen die African Union, die African Regional Economic Communities und die Parlamente der unabhängigen afrikanischen Staaten (African Institutions) in bewusster Ausübung ihrer Souveränitätsrechte für den Schutz und die Bewahrung der afrikanischen Völker, die Verbesserung ihres geistigen und materiellen Wohlergehens sowie für die Abwehr der politischen und wirtschaftlichen Sklaverei sorgen, insbesondere der durch die internationale Wirtschaftsordnung hervorgerufenen Sklaverei. Die afrikanischen Institutionen sollen ohne Ansehen der Überzeugung oder Nationalität alle religiösen, wissenschaftlichen oder ehrenamtlichen Institutionen und Organisationen schützen und fördern, die den oben genannten Zielen dienen oder deren Absicht es ist, Afrikaner über den Nutzen aufzuklären, den es ihnen bringt, wenn sie ihr Schicksal selbst in die Hand nehmen.

Resümee

Der Ausweg aus dem Dilemma, mit dem die Afrikaner konfrontiert sind, besteht in der gleichzeitigen Sicherung eines institutionellen gesetzlichen Rahmens und einer Politik der Selbstanalyse durch die Afrikaner. Nur dadurch lässt sich das Potenzial Afrikas erkennen und verwirklichen. Der Blick nach innen soll den Kontinent nicht etwa von anderen globalen Akteuren isolieren, sondern er dient dem Ziel, die Afrikaner zu befähigen, aus den verborgenen Kräften Afrikas zu schöpfen, um produktiv mit dem Westen, Asien und der restlichen Welt zu interagieren. Afrika braucht beherzte Europäer, Amerikaner und Asiaten, die nicht der traditionellen Umgestaltungsagenda verhaftet sind, sondern es zulassen, dass das afrikanische Gedankengut zum Vorschein kommt und zu einem kohärenten globalen Mosaik der Kulturen beiträgt. Um die Misere in Afrika zu beenden, ist es dringend erforderlich, dass die Afrikaner die Verantwortung dafür übernehmen, ihre eigene Software umzuschreiben und Afrikas Zeitalter der Aufklärung einzuläuten.

Anmerkungen

1 Siehe: *Telegraph*: »China in Africa at a Glance«
http://www.telegraph.co.uk/news/worldnews/africaandindianocean/zimbabwe/8315107/
China-in-Africa-at-a-glance.html (letzter Zugriff am 5. April 2012).

2 Vgl. *Economist*: »Trying to Pull Together: Africans are Asking whether China is Making their
Lunch and Eating It«, 2011,
http://www.economist.com/node/18586448 (letzter Zugriff am 5. April 2012).

3 UNESCO : *General History of Africa – Vol. VII. Africa under Colonial Domination 1880–1935*,
1985,
http://unesdoc.unesco.org/images/0018/001842/184296eo.pdf#xml=http://www.unesco.org/
ulis/cgi-bin/ulis.pl?database=&set=4DC2A097_1_13&hits_rec=7&hits_lng=eng (letzter Zugriff am 6. April 2012).

4 Vgl. McKinsey Global Institute: *Lions on the Move. The Progress and Potential of African Eco-
nomies*, 2010,
http://www.mckinsey.com/~/media/McKinsey/dotcom/Insights%20and%20pubs/MGI/
Research/Productivity%20Competitiveness%20and%20Growth/Lions%20on%20the%20
move%20The%20progress%20of%20African%20economies/MGI_Lions_on_the_move_
african_economies_Exec_Summary.ashx (letzter Zugriff am 9. April 2012).

Aus dem Englischen übersetzt von Christina Knüllig.

126   James Shikwati

Ingo Rechenberg
Die Optimierbarkeit optimieren
Vom Torkeln der Evolution als Spiel ohne Grenzen

Ein Begriff erzeugt durch seinen unaufhörlichen Gebrauch Überdruss. So geschehen nach der Bundestagswahl 2005: Gerhard Schröder hat die Wahl verloren und macht in der anschließenden Elefantenrunde seinem Ärger Luft. Am folgenden Tag entschuldigt er sich mit den Worten, es sei wohl suboptimal gewesen. Von suboptimal (unteroptimal) ist es nicht weit zu überoptimal. Wer alle Kniffe verwendet (von der AdSense- bis zur Offpage-Optimierung), um seine Internetseite im Google-Ranking nach oben zu bringen, und es dennoch nicht schafft, dem wird gesagt, er habe überoptimiert. Weitere Funde aus den knapp 20 Millionen Google-Treffern zum Stichwort »Optimierung« sind:

Optimierung der Rezeptstrukturen von Kochbüchern; Optimierung der Mensch-Hund-Beziehung; Optimierung des Glücks; Optimierung der Schlafrichtung; Optimierung der Geldwäscheprävention; Optimierung des Gehirns; Optimierung der Schlechtigkeit; Optimierung der eigenen Persönlichkeit; Optimierung des Griechenland-Pakets; Optimierung der Behaglichkeit; Optimierung der militärischen Fitness; Optimierung der Verdauungsvorgänge; Optimierung der Bauch-Beine-Po-Region.

Die Beispiele, ergänzt durch den Titel meines Beitrags, erscheinen seltsam, unpassend und überzogen. Die Optimierung der Bauch-Beine-Po-Region amüsiert. Optimierung ist eine ernste, trockene Angelegenheit, weshalb ich mir diesen lästernden Beginn erlaubt habe.

Die Arbeit des Optimierens

Ich habe Flugzeugbau studiert und bin dann Bioniker geworden. Meine Vorstellung von Optimierung ist erst einmal die des Ingenieurs, der im Rahmen einer Entwicklung ein technisches Produkt verbessern möchte. Optimieren würde er es nennen, wenn im Sinne der Mathematik eine Eigenschaft des Produkts ein Maximum oder Minimum annehmen soll. Welche Fehler dabei gemacht werden können, sei am Beispiel einer Motorenoptimierung gezeigt:

Ein Auftraggeber sucht eine Motorenfirma auf. Er formuliert seinen Wunsch, die Firma möge einen Zweilitermotor maximaler Leistung entwickeln. Nach einem halben Jahr ist der zum Test geladene Auftraggeber voll des Lobes. Es wird weiter optimiert, und nach einem Jahr steht ein Motor mit nicht mehr zu überbietender Leistung auf dem Prüfstand. Aber er verbraucht viel zu viel Benzin. Ist er nun überoptimiert? Nein, eine neue Größe ist aufgetaucht, der Benzinverbrauch, von dem zuvor keine Rede war.

Der Auftraggeber entschuldigt sich, weil er das Entwicklungsziel zu lasch formuliert hat. Der neue Auftrag lautet, einen Zweilitermotor mit maximaler Leistung pro verbrauchten Liter Benzin zu entwickeln. Nach einem weiteren Entwicklungsjahr ist der Motor fertig – und er wiegt eine Tonne. Wiederum wurde unvollständig optimiert.

Der dritte Auftrag lautet, einen Zweilitermotor maximaler Leistung pro Liter verbrauchtem Benzin mit minimalem Gewicht zu entwickeln. Das Ergebnis: Ein superleichter Motor höchster spezifischer Leistung, aber dieser Motor fällt regelmäßig nach etwa 100 Betriebsstunden auseinander.

Die Geschichte soll zeigen, dass der Entwicklungswunsch penibel definiert werden muss, bevor die Optimierung startet. Zu starke Optimierung kann das Ergebnis nicht verschlechtern, sondern sie verharrt höchstens am besten Ergebnis. Wenn scheinbar doch eine Verschlechterung auftritt, dann hat die immer schwieriger zu erreichende Verbesserung des benannten Wunsches auf Kosten einer anderen, bisher vernachlässigten Eigenschaft stattgefunden (Benzinverbrauch). Dieses Dilemma führt uns geradewegs zum Problem der gleichzeitigen Optimierung mehrerer Eigenschaften.

Mehrzieloptimierung

Ein verformtes Drahtstück soll so lange gebogen werden, bis es nicht mehr länger wird, wie sehr man sich auch bemüht. Doch das sei nicht alles. Der Draht soll möglichst lang werden, aber zugleich auch einen Haken formen, und diese Eigenschaften arbeiten gegeneinander. Als studierter Flugzeugbauer nehme ich gerne das Tragflügelprofil eines Flugzeugs als reales Beispiel für eine Zweizieloptimierung. Ein Aerodynamiker auf der einen Seite und ein Segelflieger auf der anderen gehen das Problem auf verschiedene Weise an:

Ein Flugzeugtragflügel erzeugt in einem Luftstrom Auftrieb (dazu ist er da) und leider auch Widerstand. Ziel der Optimierung durch den Aerodynamiker ist es, ein Tragflügelprofil so zu gestalten, dass der Auftrieb maximiert, zugleich aber der Widerstand minimiert wird. Angenommen, er verfügt über einen neuartigen 3-D-Drucker und einen Windkanal. Der 3-D-Drucker erzeugt die Profilvarianten, die dann im Windkanal getestet werden. Mit »Versuch und Irrtum« wird der Aerodynamiker anfänglich auch Profile finden, bei denen sich der Auftrieb A vergrößert und zugleich der Widerstand W verkleinert. Doch alsbald kommt der Punkt, wo sich A nur noch weiter erhöhen lässt, wenn man einen Anstieg von W zulässt, und das läuft seinem Wunsch zuwider. Der Aerodynamiker ist mit der letzten Lösung nicht zufrieden und optimiert ein zweites Mal. Wieder bleibt er an einer Stelle stecken, bei der sich eine der beiden Größen A oder W nur auf Kosten einer Verschlechterung der anderen verbessern lässt. Punkte dieser Eigenschaft bilden eine Grenzlinie, die nach ihrem Erstbeschreiber Vilfredo Pareto als Pareto-Front bezeichnet wird. Ein Optimum konnte der Aerodynamiker nicht finden.

Ein Segelflieger kommt und löst den Aerodynamiker ab. Er weiß besser, was er will: Sein Flugzeug soll beim Gleiten möglichst wenig Höhe verlieren. Ein Segelflugzeug hat die Gleitzahl 50, wenn es auf 50 Meter Flugstrecke nur einen Meter sinkt. Der Segelflieger optimiert das Tragflügelprofil, indem er die in 3-D »gedruckten« Profile in ein Flugmodell einbaut, dessen Gleitzahl er im Flugversuch misst. Die Optimierung ist eindeutig.

Ein Flugzeugingenieur weiß, dass die Leistung seiner Konstruktion wesentlich durch das dimensionslose Verhältnis A/W bestimmt wird: je größer der Quotient, umso wirtschaftlicher das Flugzeug. Statt des fruchtlosen Versuchs, A zum Maximum und zugleich W zum Minimum zu machen, hätte der Aerodynamiker sich beim Flugzeugingenieur sachkundig machen und A/W maximieren sollen. Der Segelflieger hat es aus seiner direkten Sicht richtig gemacht, denn A/W ist im Kräftegleichgewicht des Fluges die Gleitzahl.

Dennoch sind die vielen Versuche des Aerodynamikers nicht umsonst gewesen. Er hat mit der Pareto-Front alle optimalen Eigenschaftskompromisse ermittelt. Wenn ihm dann der Flugzeugingenieur sagt, dass A/W ein Maximum erreichen soll, könnte er diesen Punkt schnell auf seiner Pareto-Front lokalisieren. Das Beispiel zeigt, dass die Mehrzieloptimierung, auch Polyoptimierung, multikriterielle Optimierung oder Vektoroptimierung genannt, kein Trick zum besseren Optimieren darstellt, sondern als eine raffinierte Voroptimierung gesehen werden muss. Es genügt zu wissen, welche Eigenschaften maximiert und welche minimiert werden müssen, und schon kann man mit der Optimierungsarbeit beginnen, obgleich das endgültige Ziel noch gar nicht feststeht. Am Ende kommt man aber um die Entscheidung nicht herum, A und W gegeneinander abzuwägen. Im Abschnitt »Die Natur optimieren lassen« werde ich übrigens das Optimierungsproblem eines Storchs ansprechen. Bei ihm muss für das Thermiksegeln das Verhältnis A^3/W^2 maximal werden.

Evolution und Mehrzieloptimierung

Als Student habe ich 1964 ein Experiment durchgeführt, das später
»Darwin im Windkanal« genannt wurde. Mittels Mutation und Selektion sollte ein Strömungskörper optimiert werden, und das Experiment
à la Darwin führte richtig zur Körperform minimalen Strömungs-
widerstands. So war ich enttäuscht, dass die Biologen das Experiment
nicht gebührend würdigten. Ihr Argument lautete: Biologische Evolution ist vielschichtiger, weil nicht nur eine, sondern viele Eigenschaften zugleich optimiert werden müssen, und schon sind wir wieder im
vorherigen Abschnitt gelandet. Werden viele Eigenschaften zugleich
optimiert, ohne den Wert dieser Eigenschaften gegeneinander abzuwägen, kommen viele Lösungen als optimale Kompromisse heraus.
Wenn Evolution eine solche Mehrzieloptimierung durchführen würde,
käme eine Kompromissmenge heraus. Einzelziele, da nicht an andere
gebunden, würden sich verselbständigen. In einer Art könnten das
Großaugentier, das Riesenohrtier und das Langbeintier parallel auftreten, was es nicht gibt.

Was geschieht, wenn Eigenschaften sich nicht gegenseitig in die
Quere kommen? Sie lassen sich einzeln optimieren, und die Pareto-
Front zieht sich zu einem Punkt zusammen. Die Evolution versucht,
das zu erreichen, indem sie Organfunktionen, so gut es geht, voneinander entkoppelt. Man könnte glauben, die Ingenieure haben es von
der Natur gelernt, wenn sie ihren Automotor aus autonomen, auswech-
selbaren Komponenten aufbauen.

Aber dass biologische Eigenschaften sich völlig getrennt voneinander entwickeln können, ist kaum vorstellbar. Um gut zu hören, kann die
Komponente Ohrmuschel nicht einfach immer größer gemacht werden. Der zusätzliche Energieverbrauch durch den gesteigerten Stoff-
wechsel verhindert es. Ein System zu schaffen, bei dem die Komponenten nicht gegeneinander konkurrieren, gelingt nur begrenzt. Am
Ende bleibt die Evolution eine Mehrzieloptimierung, bei welcher der
beste Kompromiss gewinnt, und dieser gilt dann für eine Art in ihrer

gegebenen Umwelt. Eine Art, die eine andere ökologische Nische besetzt, wird anders aussehen, wenn die Einzelziele zum neuen Kompromiss zusammengeführt werden. Jede Art besetzt ihren Gipfel. Aber noch ist »Gipfel« eine Metapher.

Am Faden zum Gipfel

»Der Weg ist das Ziel«, ein dummer Spruch? Dies sei, so sagen böse Zungen, das Motto orientierungsloser Zeitgenossen. Diese hätten kein klares Ziel vor Augen, weshalb sie sich mit dem Weg zum Ziel begnügten. Das gilt vielleicht für den sonntäglichen Autoausflug. Aber wie war das mit Theseus, als er im Labyrinth von Knossos den Minotaurus erschlagen hatte? Es war das ausgerollte Wollknäuel, das Prinzessin Ariadne dem Theseus mitgegeben hatte, das ihn wieder aus dem Labyrinth herausgeführt hat. Höhlenforscher, insbesondere Höhlentaucher, verwenden aus dem gleichen Grund den Faden der Ariadne, hier Führungsleine genannt. Der Ariadne-Faden ist zum Sinnbild der geführten Zielfindung geworden.

Wer optimieren möchte, muss auch einem Ariadne-Faden folgen, sonst verliert er sich bei der Suche in der unermesslichen Zahl der Möglichkeiten. So hat es Darwin schon gesehen, als er schrieb: »Ließe sich das Vorhandensein eines zusammengesetzten Organs nachweisen, das nicht durch zahlreiche aufeinanderfolgende geringe Abänderungen entstehen könnte, so müsste meine Theorie zusammenbrechen.« Aus einer Grille kann nicht plötzlich ein Elefant werden. Evolutionsfähigkeit in der Biologie ist damit verbunden, dass sich eine Folge ähnlicher Organismen erschaffen lässt, die sich Schritt für Schritt verbessern. Nicht umsonst suchen Evolutionsbiologen häufig nach einem »Missing Link«, um eine Lücke zu schließen, das heißt, die Enden zweier Ariadne-Fäden zu verbinden. Aber wer legt die Ariadne-Fäden aus, denen man folgen muss, um zu immer besseren Lösungen zu gelangen?

Ein Weltgesetz hilft optimieren

Es ist ein universelles Weltgesetz, das diese Ariadne-Fäden auslegt. Dieses Gesetz heißt »starke Kausalität«. Diesem Gesetz ist es zu verdanken, dass wir, am Autolenkrad drehend, sicher die Zielstraße erreichen. Starke Kausalität ist im Spiel, wenn jemand mit einem kleinen Hammer eine Beule in die Tragfläche eines Airbus A380 schlägt und der Pilot das beim Fliegen nicht bemerkt. Mit starker Kausalität wird das Kausalitätsprinzip in der Physik erweitert. Nicht nur *gleiche* Ursache erzeugt *gleiche* Wirkung, sondern eine kleine Änderung der Ursache erzeugt auch eine kleine Änderung der Wirkung. Eine kleine Drehung am Lenkrad bewirkt nur eine kleine Kursänderung unseres Autos. Starke Kausalität lässt sich sichtbar machen, und zwar an der Eigenschaft eines Hügels oder Berges.

Angenommen, wir befinden uns in einer offenen, hügeligen Landschaft. Wir messen mit einem GPS-Gerät unsere Höhe über dem Meeresspiegel, und zwar zentimetergenau. Solange wir unsere Position nicht verändern, messen wir auch bei Wiederholung die gleiche Höhe (gleiche Ursache, gleiche Wirkung). Nun machen wir einen Schritt in eine beliebige Richtung (kleine Änderung der Ursache). Die Chaosforschung würde sich freuen, wenn wir an einem Abgrund gestanden hätten und nun in die Tiefe stürzten – denn das ist ihr Forschungsgebiet: kleine Änderung der Ursache, große Änderung der Wirkung. Aber normal ist, dass sich unsere Höhenanzeige auch nur geringfügig ändert (kleine Änderung der Wirkung). Wenn dieses Messergebnis überall in unserer Landschaft gilt, und wenn trotzdem bei größeren Distanzen größere Höhenunterschiede auftreten, dann haben wir zwingend einen Hügel vor uns. Und an einem Hügel gibt es einen Weg, der am steilsten nach oben oder unten führt. Das ist der Ariadne-Faden (mathematisch Gradientenweg), der, wenn man ihm folgt, an einer höchsten oder tiefsten Stelle der Hügellandschaft endet.

Um sich von dem mathematischen Ideal der stetigen Funktion abzusetzen: Der soeben konstruierte Berg kann Löcher, Huckel und

Schwellen haben, man muss nur von Weitem einen Berg erkennen können, an dem sich ein auf- oder absteigender Pfad konstruieren lässt, der von einem Wanderer begangen werden kann. Und das ist weitaus schwächer als das Denkbild der mathematischen Stetigkeit.

Den Faden nicht verlieren

»Die Natur macht keine Sprünge« ist ein Glaubenssatz der antiken Philosophie seit Aristoteles.

Das stimmt, und dem Himmel sei Dank; denn anders wäre es äußerst schwierig, sich eine Tasse Kaffee durch mehr oder weniger Neigen der Kanne einzugießen. Aus dem unscheinbaren Gesetz »die Natur macht keine Sprünge« folgt die Existenz von Ariadne-Fäden, denen der Optimierer nur folgen muss. Dabei gilt, dass die Variableneinstellung des Objekts die Ursache, die gemessene oder berechnete Qualität die Wirkung darstellt.

Der Optimierer darf auf dem Weg zu einer besten Lösung nicht »den Faden verlieren«, und dafür gibt es Regeln. Was würde der Bergwanderer machen, wenn er im Stockdunkeln zum Gipfel gelangen möchte? Er könnte mit ausgestrecktem Fuß kreisend die Umgebung abtasten und dann einen Schritt in Richtung des steilsten An- oder Abstiegs gehen. Vielleicht wagt er auch zehn Schritte in unterschiedliche Richtungen, um dann berechnend abzuwägen, wohin er gehen muss. Nach diesem Schema arbeiten die raffinierten mathematischen Optimierungsstrategien.

Dass auch die biologische Evolution optimiert, ist beweisbar, zum Beispiel durch die Schmetterlingsmimikry: Ein Schmetterling kopiert das Flügelmuster eines ungenießbaren Vorbilds, welches einer anderen Schmetterlingsart angehört. So täuscht er dem Vogel Ungenießbarkeit vor und überlebt manche Vogelattacke. Diese Musteranpassung nennt der Mathematiker nichtlineare Kurvenanpassung, die durch eine Minimierung der Summe der Fehlerquadrate zwischen Soll und Ist vorgenommen wird. Eben dieses Minimierungsproblem löst die Evolution höchst genau.

Wie macht das die Strategie der biologischen Evolution? Um nicht stehen zu bleiben, muss das Flügelmuster verändert werden, und das geschieht durch zufällige Mutationen. Die Mutationen sind der Treibstoff für den Optimierungsmotor »Evolution«. Positionieren sich mutierte Nachkommen auf dem höher liegenden Teil der genetischen Landschaft, weil sie die Vögel schon etwas täuschen, überleben sie. Die übrigen werden gefressen. Auf diese Weise torkelt die Evolution den in der genetischen Landschaft ebenfalls existenten Ariadne-Faden entlang zu immer besser angepassten Lebensformen. Die Torkelbewegung wird bedeutend geradliniger, wenn eine sexuelle Fortpflanzung seitliche Ausreißer durch intermediäre Vererbung zentriert. Hinzu kommt, dass das biologische Prinzip der Population Störungen herausmittelt. Die Evolutionsstrategie, die die Vererbungsgesetze und Selektionsregeln der biologischen Evolution nachbildet, ist nach meiner Erkenntnis das beste technisch-mathematische Verfahren, das in einer gestörten Welt ein Objekt mit sehr vielen Variablen zu einem Optimum hinleitet.

Die Physik optimieren lassen

Nach so viel Erkenntnis zum Thema Optimierung mag der Leser denken: In der Schule haben wir ein Optimum, Maximum oder Minimum, ohne viel Mühe lokalisiert, gleichsam auf einen Schlag. Gemeint ist die Methode des Nullsetzens der ersten Ableitung einer Funktion. Dazu muss die Optimierungsaufgabe als mathematische Gleichung formuliert und analytisch differenziert werden können. Aber das ist nur bei den Schulbeispielen und wenigen anderen Optimierungsaufgaben möglich. Aber es gibt ihn, den kurzen Weg zum Optimum.

Sommer 1955: Der Bauingenieur Heinz Isler besucht eine Baustelle und wird von etwas ganz Alltäglichem angezogen. Einem durchnässten

Jutegewebe, das sich zwischen den vier Stäben eines waagerecht abgelegten Armierungsgitters nach unten ausbeult. Dem Schalenbaufachmann wird sofort klar, dass ihm hier die Natur eine Optimalform präsentiert. Im darauffolgenden Winter optimiert Isler Schalendächer ohne große Mühe. Er hängt Gärtnergaze, die er mit einer Rebenspritze durchnässt, in Rahmen mit dem passenden Dachgrundriss auf und lässt die Anordnung in der Nacht gefrieren. Morgens dreht er die Eiskunstwerke um und hat das optimale Schalendach vor sich. Warum ist die Form optimal? Weil das weiche Gewebe, das von dem gleichmäßig verteilten Gewicht der Nässe nach unten gezogen wird, keine Biegekräfte, sondern nur Zugkräfte aufnehmen kann. Da sich die Zugkräfte gleichmäßig über die Gewebestärke verteilen, wird das Material optimal ausgenutzt. Dreht man die gefrorene Beulform um, treten umgekehrt unter der Gewichtsbelastung tangential zur Schalenoberfläche nur Druckspannungen auf. Und das ist die optimale (gewichtsminimale) Schalendachform.

Aber die Idee, so zu optimieren, ist älter: Der englische Naturforscher Robert Hooke erklärt 1671 vor der Royal Society London, er habe das Problem der optimalen Form eines Bogens gelöst. Um seine Idee geheim zu halten, verschlüsselt er sie in einem lateinischen Anagramm:

abcccddeeeeefggiiiiiiiiillmmmmnnnnnnooprrsssttttttuuuuuuuvx

Um die Botschaft zu lesen, müssen die alphabetisch geordneten Buchstaben so umgeordnet werden, dass sich ein lateinischer Satz ergibt – übrigens ein Optimierungsproblem, das ich noch erörtern werde. Die Lösung wurde zwei Jahre nach dem Tod Hookes gefunden:

Ut pendet continuum flexile,
sic stabit contiguum rigidum inversum.

Frei übersetzt: Ein stabiler Bogen hat die Form einer durchhängenden Kette, die an den Enden gehalten wird – nur eben andersherum.

Zwischen zwei Städten soll die kürzeste Straßenverbindung ermittelt werden: ein Standard-Minimum-Problem der Graphentheorie, für dessen Lösung die Mathematiker raffinierte Algorithmen entwickelt haben. Mit Garn und Anhängerringen geht es aber auch: Man lege die Ringe auf die Knoten des Verkehrsnetzes und verknüpfe sie mit Fäden, die die Straßenlängen zwischen den Knoten abbilden. Nun muss man den Knotenring der Startstadt an einen Haken hängen, die Zielstadt mit einem Gewicht belasten, und der abwärts gespannte Fadenzug zeigt die Lösung der Minimumaufgabe. Dennoch sei den Mathematikern gedankt. Für unser Navi ist das Fadenmodell nicht geeignet.

Die Natur optimieren lassen

Seifenhäute formen sich so, dass ihre Oberfläche minimal wird. Atome ordnen sich in einem Kristall so, dass ein Energieminimum angenommen wird. Ein Lichtstrahl wählt den Weg so, dass seine Laufzeit minimal oder maximal wird. Wenn nun jemand behauptet, Naturgesetze der Physik optimieren, wäre das überzogen. Aber das fundamentale Naturgesetz der Biologie optimiert, ich meine die Evolution. Es ist die Bionik, die methodisch die Ergebnisse der Evolution studiert. Der Bioniker sucht nach biologischen Leistungen, an deren Vervollkommnung die Evolution hat lange arbeiten müssen.

Beispiele: Adler, Bussard, Geier und Storch. Sie alle segeln in der Thermik mit gespreizten Flügelenden. Wir haben im Windkanal die Evolution der Flügelspreizung nachgespielt. Das Halbmodell eines Flügels (mit dünnem Vogelprofil) wurde an seinem Ende viermal längs geschlitzt. Die so geschaffenen fünf gleich breiten Flügelfinger konnten in einer Vorrichtung gezielt nach oben oder unten abgebogen, sprich mutiert werden. Eine Evolutionsstrategie mit vier sich paarenden Eltern und zwölf Nachkommen lieferte nach einigen Tagen Windkanalarbeit den Flügel mit minimaler Sinkgeschwindigkeit. Und dieser Flügel besaß die vogeltypische gestaffelte Spreizung der Flügelfinger.

Ich möchte demonstrieren, welchen energetischen Vorteil ein Storch besitzt, der in gleicher Weise durch die biologische Evolution optimiert wurde. Angenommen, zwei Störche haben sich im Aufwind 1000 Meter hochgeschraubt, der eine hat die Flügelspreizung, der andere nicht. Es wird Abend, die Thermik setzt aus, und beide gleiten in einem Evolutionswettkampf ohne Flügelschlag abwärts. Mit den Daten aus dem Windkanalexperiment würde der Storch ohne Federspreizung nach zehn Minuten 45 Sekunden auf dem Boden aufsetzen; demgegenüber hielte sich der Storch mit optimiertem Spreizflügel 45 Sekunden länger in der Luft. Da Störche auf ihrem bis zu 10 000 Kilometer weiten Flug nach Afrika fast nur in Aufwinden segeln (das haben neueste Messungen ergeben), werden dem langsamer sinkenden Spreizflügelstorch Hunderte von Kilometern geschenkt, die er ohne Energieverbrauch zurücklegen kann, wenn man den nicht optimierten Artgenossen zum Vergleich nimmt.

Energiesparen ist ein wesentliches Ziel in der Evolution, und die Bioniker nutzen die entwickelten Prinzipien des optimalen Energiesparens: Die Keilschleiche der Sahara muss beim dauernden Untersandschwimmen die Sandreibung minimieren, und der Ingenieur ahmt die optimierte Schuppenstruktur nach. Die Gangart von Zwei- und Vierbeinern ist energetisch optimiert und so das Vorbild für Roboter gleicher Beinzahl. Die Riblet-Struktur der Haifischschuppen dämpft turbulente Schlingerbewegungen, vermindert so die Strömungsreibung und wird heute an Turbinenschaufeln nachgebildet. Nicht zum Energiesparen entwickelt, aber auch Ergebnis einer Optimierung durch Evolution sind die Regeln der synthetischen Evolutionstheorie, die für eine schnelle Anpassung der Art an sich ändernde Umwelten entwickelt wurden und nun die Optimierungsregeln der »Evolutionsstrategie« bilden.

Bionik, ursprünglich die Suche nach einer *evolutiv optimierten* Naturlösung, deren Zweck die Technik tangiert, wird heute leider mehr und mehr zur Karikatur, wenn aus der Schlangengurke ein Eisenbahnwaggon, aus einem gebogenen Ast ein Lampenständer oder aus der Mückenantenne eine UKW-Antenne gemacht wird. Die Beispiele sind erfunden und überzeichnet, aber die Entwicklung läuft in diese

Richtung. Es wird nicht mehr nachgedacht, wozu die Evolution etwas entwickelt hat, sondern wenn eine biologische Äußerlichkeit für irgendetwas Anwendung finden kann, ist es Bionik.

Scharfsinnig intuitiv optimieren

Zurück zum Anagramm des Robert Hooke: Die alphabetisch geordneten Buchstaben so umzuordnen, dass ein lateinischer Satz entsteht, heißt kombinatorische Optimierung. Man versucht ein Wort zu erzeugen, und gelingen einem zwei, fühlt man sich der Lösung schon näher. Hat man es gar zu fünf Wörtern gebracht, wähnt man sich kurz vor dem Ziel. Doch dann geht es nicht weiter; die Optimierung bleibt stecken. Was man bisher getan hat, war wohl falsch. Um den richtigen lateinischen Satz herauszufischen, müsste man

400734107593778733770194381390205274213124544554598400000000

Kombinationen der 57 Buchstaben des Anagramms untersuchen. Ich habe die Zahl ausgeschrieben, um die menschliche Intuition herauszustellen, die es geschafft hat, den Satz dennoch aus der verschlüsselten Botschaft herauszulesen.

Eine zeitschnellste Verkehrsverbindung suchen, eine kostenminimale Lagerhaltung entwickeln, die wichtigsten Dinge in einen Raumtransporter packen, die zeitschnellste Reihenfolge für das Bohren einer Platine finden oder auch nur eine Sudoku-Aufgabe lösen sind Probleme, die bei vielen Veränderlichen ähnlich komplex werden können wie das Lösen des Anagramms. Und dennoch schaffen es Menschen, eine gute, oft sogar die optimale Lösung zu komponieren. Dem Entschlüssler des hookeschen Anagramms halfen das Wissen über den Aufbau eines lateinischen Satzes, dass selbstverständlich in keinem lateinischen Wort ein dreifaches u vorkommt, und viele weitere sprachliche Eigenheiten. So ist es bei vielen anderen kombinatorischen Optimierungen. Der Problemlöser arbeitet sich in das Problem hinein, lernt es so besser und besser kennen und entwirft dann einen Algorithmus, der für eben dieses eine Problem eine gute, vielleicht sogar optimale Lösung produziert. Einem Ariadne-Faden folgen, wenn starke Kausalität herrscht, ist sichtlich einfacher. Es funktioniert die Strategie des Kletterns, und der Optimierer (Mensch oder Evolution) muss nicht immer wieder neue Winkelzüge ersinnen, um ein Optimum zu finden.

Die Optimierbarkeit optimieren

Das ist die Botschaft, die ich mit diesem Essay nahebringen möchte. Die Botschaft mag seltsam klingen, aber die biologische Evolution macht es. Eine biologische Art muss sich nicht nur momentan an sich ändernde Umwelten anpassen, sondern sie muss das auch in Zukunft möglichst schnell tun. Die Schnellentwickler überholen die Langsamentwickler und sind so längerfristig die Gewinner der Evolution. Lebensformen, die so schwer entwickelbar (optimierbar) gewesen wären wie das hookesche Anagramm, oder die sich in eine solche Situation hineinentwickelt hätten, wären rasch ausgestorben.

Gesetzesänderungen können für technische Produkte dramatische Umweltänderungen bedeuten. Ein Automotor, der bei einer solchen »juristischen« Umweltänderung schnell nachoptimiert werden kann, wird seine Konkurrenten schlagen. Es wäre die technische Parallele zum Vorteil des Schnellentwicklers in der Biologie.

Aber wie lässt sich Optimierbarkeit zukunftsbezogen (auf Umweltdeutsch nachhaltig) verbessern? Erstens: Ein Organismus oder Artefakt muss so erschaffen und weiterentwickelt werden, dass das universelle Weltgesetz der starken Kausalität erhalten bleibt, am besten noch verstärkt wird. Biologische Evolution und menschlicher Entwickler müssen so nicht ständig neue ausgeklügelte Optimierungsprinzipien entwickeln. Das Folgen eines Ariadne-Fadens in einer Optimierungslandschaft geht immer. Schwach kausale Ordnungen (Beispiel Sprache), bei denen aus dem abgetrennten Zopf der abgetrennte Kopf wird, sind in einem technischen System kaum zu beherrschen, geschweige denn optimierbar. Ich staune, wie lange sich die schwach kausale Erfindung des Computers bisher hat halten können. Ein Bit kippt, und der geschriebene Text könnte weg sein. Durch Aufpfropfen von Kontrollprogrammen, die ihrerseits wieder schwach kausal reagieren, lässt sich die Katastrophe – noch – verhindern.

Weil es schneller geht und sparsamer ist, erschaffen Menschen oft Kulturleistungen mit schwach kausalem Verhalten. Das Leben, um evolutionsfähig zu sein, konnte sich das nicht leisten. Das Leben hat mit dem Gehirn eine Computerarchitektur entwickelt, die sich stark kausal verhält. Nervenzellen können verschwinden oder neu hinzukommen, Nervenverbindungen können anders verknüpft werden – der Mensch denkt und fühlt wie zuvor. Der kleine Unterschied wird aber von der Evolution für das Bergklettern genutzt.

Um die Optimierbarkeit zu optimieren, ist das »Je-desto-Verhalten« der erste Trick. Zweitens lässt sich Optimierbarkeit drastisch verbessern, wenn die variablen Eigenschaften so festgelegt werden, dass nicht die Verbesserung der einen die Verschlechterung einer anderen bedingt. Mehrzieloptimierung ist direkt möglich, wenn die Pareto-Front sich zu einem Punkt zusammenschnürt. Leber, Magen, Herz und Gehirn sind (in Grenzen) getrennt entwickelbar – und Vergaser, Zündung, Anlasser und Kühlpumpe sind es auch. Es hört sich fantastisch an: Ein Brillenglas, das zugleich die Eigenschaft besitzt, sich bei zu viel Licht selbst abzuschatten, ist das Paradebeispiel im Forschungsgebiet der Adaptronik. Aber die Evolution hat Lichtdurchlässigkeit (Augenlinse) und Lichtabschattung (Pupille) getrennt verwirklicht – eben zugunsten besserer Optimierbarkeit.

Nachgetragen

In der Aufforderung, einen Artikel über »Optimierung« zu schreiben, wurde mir nahegelegt, um die These herum nachzudenken, dass Optimierung niemals das Schnellste, Höchste, Weiteste, Großartigste ist, vielleicht nicht einmal das Beste, sondern das, was tatsächlich funktioniert. Wer bis hierher gelesen hat, wird verstehen, dass ich dem nicht zustimmen kann. Ein Optimum ist laut Definition das Beste, der höchste Punkt eines Gipfels. Und wenn es vor der vermeintlichen Überoptimierung etwas Höheres gegeben haben sollte, dann wechselt eine kluge Optimierungsstrategie eben dorthin! Natürlich ist es wert, darüber nachzudenken, weshalb man es mit der Optimierung scheinbar übertreiben kann. Ein Scheibenwischermotor samt Getriebe überlebte früher jedes Auto. Nun wird er optimiert, funktioniert bestens, ist kostengünstiger und fällt nach der halben Lebensdauer des Autos aus. Es wurde vergessen, die Lebensdauer in die Optimierung einzubeziehen.

Noch deutlicher wird der Fehlschluss, wenn der anfangs erwähnten Motorenfabrik der Auftrag erteilt worden wäre, einen Motor mit minimalem Benzinverbrauch zu entwickeln. Es wäre eine schlechte Optimierung, wenn am Ende nicht der Motor herauskommen würde, dessen Benzinzuleitung zugesperrt ist: Benzinverbrauch null, aber das Auto bewegt sich nicht.

Statt über das Versagen der Optimierung zu spotten, sollte man ergründen, wie es dazu kommen kann. Ist die Aufgabe hochkomplex (Optimierung eines Finanzsystems, einer Raumstation, eines Gesundheitssystems), wird es Eigenschaften geben, die als belanglos eingestuft oder gar nicht erkannt wurden. Aus der Verschlechterung dieser »verborgenen« Eigenschaften beziehen die bewerteten Eigenschaften quasi ihre Kraft, um sich bei enger werdendem Optimierungsspielraum weiter zu verbessern. Das Wegdriften vom bisher Funktionierenden kommt zustande, weil man aufgrund der hinzukommenden negativen Erscheinungen seine Bewertung ändert, und das ist gegenüber der Optimierung unfair. Richtig wäre, die bei laufender Optimierung offenbar werdenden negativen Eigenschaften in die Bewertung einzubeziehen, und wenn das nicht gelingt, zuzugeben, dass das Problem für die Optimierung noch nicht hinreichend verstanden ist. Es ist dann in der Tat angebracht, auf eine allzu ausgedehnte Optimierung zu verzichten.

Ich wünschte mir, der Begriff der Optimierung würde zukünftig sorgsamer behandelt werden. Wenn der Urmensch nicht seine Pfeilspitze optimiert hätte, wo wären wir dann hingekommen? Einer Anti-Optimierungsbewegung werde ich deshalb nicht beitreten.

Sabine Maasen
Gut ist nicht gut genug
Selbstmanagement und Selbstoptimierung als Zwang und Erlösung

Als Alfred D. Chandler jr. in seinem Buch *The Visible Hand* die Managerrevolution des frühen 20. Jahrhunderts beschrieb, ließ sich kaum ahnen, dass sich innerhalb weniger Jahrzehnte Managerpraktiken sogar im Alltag durchgesetzt haben würden. Zeit-, Projekt- und Teammanagement betreiben wir mittlerweile alle. Von der Wiege (Babymanagement) bis zur Bahre (Sterbe-Eventmanagement). In der Liebe (Paar- oder Familienmanagement), Freizeit (Erholungsmanagement) und im Beruf (Führungs- oder Karrieremanagement), aber auch in den Universitäten, Kultureinrichtungen oder Organisationen sind wir Subjekt oder Objekt von Management geworden.

Dieser Furor des Managens kennt nur ein abstraktes Ziel: dass es in geordneter Weise anders werde, und zwar besser – und das am besten mithilfe von *change management*. Sich oder andere zu optimieren geht dann Hand in Hand mit der Forderung, auch das Management selbst zu optimieren. Die Ubiquität und Überbietungsdynamik des Optimierens in Diskurs und Praxis hält uns derart in Atem, dass wir es uns zunehmend versagen, nach dem möglichen Gehalt oder gar nach Sinn und Unsinn des Optimierens zu fragen. Es geht auch nicht ums Fragen: *Believe in better!* Dass ein privates Medienunternehmen einen solchen Slogan in aller grammatikalischen Ungereimtheit platzieren und auf werbewirksames Verstehen hoffen kann, lässt ahnen, dass und wie sehr sich das Optimierungsmotiv bereits gesellschaftsweit durchgesetzt hat – nicht zuletzt dank der selbstverständlich gewordenen Prozeduren des Managens in nahezu allen Handlungsbereichen.

Vergewissern wir uns zunächst kurz, was Wikipedia zur Optimierung zu sagen hat: »Unter einem Optimum (lateinisch *optimum*, Neutrum von *optimus* ›Bester‹, ›Hervorragendster‹, Superlativ von *bonus* ›gut‹) versteht man das beste erreichbare Resultat im Sinne eines Kompromisses zwischen verschiedenen Parametern oder Eigenschaften unter dem Aspekt einer Anwendung, einer Nutzung oder eines Zieles. Im Gegensatz dazu steht das Ideal, womit das beste Denkbare bezeichnet wird. Die Suche nach dem Optimum unter gegebenen Voraus- und Zielsetzungen nennt man Optimierung.«

Der letzte Satz offenbart, dass Optimierung nichts mit einem umfassenden und fundamentalen Programm der Perfektionierung oder mit Perfektionismus zu tun hat. Der virtuose Nutzer von einschlägigen Weiterbildungsangeboten weiß es längst: Das Ziel von Selbstmanagementseminaren besteht darin, den Teilnehmern durch die Optimierung ihres Zeitmanagements mehr Zeit für das Wesentliche zu geben und durch dessen Definition mehr Zielklarheit durch optimales Selbstmanagement zu erreichen. Dies wird unterstützt mit der »Enttarnung von Zeitfressern«, mit der »Nutzung des inneren Antreibers« und vor allem mit der Aufklärung über die »Erfolgsbremse Perfektionismus«. Dazu gehören »zu viel Ordnung«, »übertriebenes Pflichtbewusstsein« sowie der »Traum von der Fehlerfreiheit«. Das Zauberwort des sich erfolgreich optimierenden Selbstmanagers heißt nicht »Perfektion«, sondern »Prioritäten setzen«.

Unterstellt wird mithin nicht Perfektionismus, sondern Perfektibilität und ein Wille zur Perfektionierung in spezifischer Hinsicht. Wer etwa dem Programm des Zeit- und Selbstmanagements gemäß Prioritäten setzt, will und kann nicht alles verbessern. Perfektionierung versteht sich hier als Meliorisierung (eben: »Optimierung«) spezifischer Eigenschaften oder Fähigkeiten. Da geht es um »effizientes Sitzungsmanagement«, »outputorientiertes Projektmanagement« oder »Stressmanagement«. Praktisch alle heutigen Ratgeber beruhen auf dieser Idee. Sie verschreiben sich nicht mehr der Herstellung des »männlichen, zweckgerichteten, mit sich selbst identischen Charakters« (Adorno/

Horkheimer). Es geht in den heutigen Ratgebern vielmehr um eine effiziente Organisation des flexiblen Selbst, das verschiedensten Anforderungen und Ambitionen gerecht werden will, seine Verausgabungen und Einsätze im Lichte innerer und äußerer Umstände notiert, trainiert, kontrolliert und laufend beobachtet, ob und welche Parameter sich geändert haben oder ob optimierende Interventionen unerwartete Effekte zeitigen und deshalb neue Ziele gesteckt werden müssen. Optimierungspraktiken des Typs Selbstmanagement operieren nicht teleologisch, sondern kybernetisch.

Perfektionierung: Paradoxien und Ambivalenzen

Diskurse und Praktiken des Selbstmanagements haben Auswirkungen auf das Leitbild gelingender Subjektivierung. Das bevorzugte Modell ist das *enterprising self*.[1] Der Jargon der Innerlichkeit, den noch der therapeutische Diskurs mit seiner Suche nach dem eigentlichen, dem wahren Selbst pflegte, wird ebenso rasant wie rigoros auf den Jargon des Managens umgestellt. Der Unternehmer seiner selbst, so Ulrich Bröckling, *managed* sich durch *intrapreneurship;* die Selbstverständigung funktioniert im Modus des Projektmanagements, und das Organisationsprinzip besteht im *commitment* sich selbst gegenüber. Der aufdringliche Kontraktualismus moderner Selbstmanagementtechniken bearbeitet ein zentrales Paradox: Entfalten Sie sich! Dieses Paradox kennt unterdessen vielerlei Derivate: Motivieren Sie sich! Finden Sie Ihre Balance! Bilden Sie sich![2]

Paradoxe lassen sich bekanntlich nicht lösen, sondern nur bearbeiten – dauerhaft und umfassend. Und am allerbesten suchen wir professionellen Beistand in Form von Beratung. Für Peter Fuchs steht deshalb fest: Wir leben in einer Beratungsgesellschaft. Beratende Professionen, Praktiken und Institutionen durchsetzen immer weitere Bereiche der Gesellschaft. Da die Ausdehnung der Beratung offenkundig nicht zu einer Verringerung des Beratungsbedarfs führt, scheint es sich um einen sich selbst verstärkenden Prozess zu handeln. Es wundert daher nicht, dass Selbstmanagement als Profession (Coach) und medial differenziertes Format (Kurse, Bücher, *newsletters*, *blogs*, *apps* ...) derart erfolgreich ist. All diese Angebote indizieren zweierlei: die gesellschaftliche Durchsetzung rationaler Lebensführung und ihre Funktion als Technologien des Selbst. Indem sie uns *en détail* sagen, ja vorschreiben, wie wir planvoll und effizient handeln können, beschreiben sie auch, wer das ist, der sich da *managt*. Dies hat normierende und normalisierende Effekte: Die Rationalisierung der Lebensführung und Selbstverhältnisse erzeugt erwartbares Verhalten innerhalb erwartbarer Spielräume, und zwar auch und gerade in Zeiten zunehmender Komplexität und Flexibilisierung.

Wie gelingt dies? Auf der einen Seite betonen alle Ratgeber den ganz individuellen Weg zum effizienten Selbst, auf der anderen Seite normieren sie die Prozedur, machen das effiziente Selbst zum Gegenstand im Prinzip intersubjektiv nachvollziehbarer Praktiken. Der erstaunliche Erfolg von Diskurs und Praxis des Selbstmanagements in allen seinen Varianten zeigt, dass es sich bei dessen Anwendung nicht nur um individuelle Eigentümlichkeit, sondern um eine kulturelle Praktik, um Selbst-Kultur, handelt. Diese Kultur, so Luhmann,»begreift sich zwar als Kultur von Individuen, aber das impliziert auch, dass Individuen sich entsprechend disziplinieren müssen. Darauf wird man ... auch kaum gänzlich verzichten können, soll soziale Ordnung und reziproke Erwartbarkeit möglich bleiben«.[3] Insofern ist Selbstmanagement nicht nur eine Technologie des Selbst, sondern auch des Sozialen – und damit nicht nur subjektivierend, sondern auch sozialitätsstiftend.

Max Weber hatte schon zu Beginn des 20. Jahrhunderts die»Rationalisierung der Lebensführung« als entscheidendes Moment der Entwicklung moderner Gesellschaften postuliert. Während er sie jedoch nur für eine schmale bürgerliche, protestantische Elite unterstellen konnte, wird sie jetzt umfassender wirksam. Weber hat aber auch auf die Ambivalenzen der Modernisierung von Gesellschaft verwiesen.

Alle Versuche, durch Rationalisierung auf steigende Anforderungen im Alltag zu antworten, werden zwar mit dem Ziel betrieben, dadurch Zwänge zu reduzieren und größere Freiheitsgrade für die Lebensführung zu gewinnen. Nolens volens bauen sie aber ein neues Zwangsmoment auf: die rigide Eigenkontrolle des Handelns – in postsozialen Zeiten, in denen Sozialität nicht nur mit Menschen, sondern zunehmend auch mit technischen Objekten gepflegt wird, erinnern uns eben nicht nur Kunden oder Herausgeber an die Einhaltung von Terminen, sei es *face-to-face* oder per Telefon, sondern auch E-Mails und Terminmanager unserer *smartphones*.

Es ist diese Perfektibilität, also »die Fähigkeit, sich zu vervollkommnen«, die schon Rousseau am Menschen bewunderte. Neu ist: Der Mensch erfindet und rekombiniert dazu immer neue Technologien zu seiner Perfektionierung (Technologien des Selbst, Technologien des Sozialen sowie materiale Technologien), die jedoch, so ließe sich mit Max Weber formulieren, unweigerlich stets beides zugleich steigern: seine Autonomie und seine Fremdbestimmtheit. Eben darum gehört diese Perfektibilität bereits für Rousseau auch zu den »Quellen allen Unglücks«. *Believe in better – for better or worse.*

Lebenslanges Lernen

Kaum sonst lässt sich die Ambivalenz der Perfektionierung und ihrer gegenwärtigen Erscheinungsform, der Optimierung, eindrücklicher nachvollziehen als auf dem Feld der Bildung. Die menschliche Perfektibilität, von der Rousseau und Kant einmütig sprechen, ist und bleibt ambivalent. Sie ermöglicht zwar, aus eigenen und fremden Erfahrungen zu lernen und geschichtlich Hervorgebrachtes zu verändern und zu tradieren. Doch wissen wir nicht, »was uns unsere Natur zu sein erlaubt«, wie Rousseau es formuliert. Seine Erfindung natürlicher und negativer Erziehung richtet Lernen deshalb an der Individualität des Lernenden aus. Es ist die Aufgabe professioneller Erziehung, im Hintergrund geeignete Reize für die Aktivierung natürlicher Bildungsaktivität auszuwählen und in pädagogischen Arrangements planvoll einzubinden. Der im Dual von Natur/Kultur gedachte Perfektibilitätsdiskurs wird durch indirekte, individuell angepasste Erziehung eingeübt. Im beginnenden 21. Jahrhundert, in dem, wie allseits postuliert, Wachstum und Wohlstand moderner Gesellschaften vom Humankapital ihrer Mitglieder abhängen, ist Bildung zu einem der wichtigsten Treiber der Wirtschaft geworden und hat sich darüber hinaus selbst ökonomisiert. Die Veröffentlichung der ersten PISA-Ergebnisse Ende 2001 erinnerte viele Beobachter an die Debatte zur »Bildungskatastrophe« (Georg Picht), die in den 1960er-Jahren entflammte und Investitionen in den Ausbau des Bildungssystems nach sich zog. Ein halbes Jahrhundert später führt die gleiche Diagnose zu einer völlig andersgearteten Therapie – nämlich vermehrt zur Investition in die Optimierung individueller Lehr- und Lernfähigkeit. Der Optimierungsdiskurs wird auf mindestens drei Ebenen bearbeitet:

- Optimierung der Bildung: Nicht nur interessiert sich die Pädagogik in zeitgenössischer Diktion für die Optimierung von Lern- und Lehrprozessen, optimiert ihre zentralen Inhalte durch ihre Ausrichtung auf die Vermittlung von »Kompetenzen« und durch Berücksichtigung virtueller und interaktiver Medien (Stichwort *e-learning*), sondern sie interessiert sich auch für die institutionell-organisatorische Optimierung der Studienangebote im Sinne der Bologna-Reform und die Integration qualitätssichernder Maßnahmen im gesamten System der (Weiter-)Bildung.
- Optimierung der Lernfähigkeit: In Politik, Wirtschaft und Massenmedien werden seit den 1970er-Jahren Forderungen nach »lebenslangem Lernen« laut, das heute als eine »weitgehend akzeptierte Zielvorstellung« gilt. Das Optimierungsziel ist multidimensional: Individualisierte Bildungsteilhabe findet sich neben »Stärkung des gesellschaftlichen Zusammenhalts« und »Mitgestaltung des Standorts Europa«.

◆ Optimierung der Bildungspolitik: Um den Herausforderungen der modernen Gesellschaft und Arbeitswelt gewachsen zu sein, ist schließlich zu klären, wie das Lernen aller Menschen »in allen Lebensphasen und Lebensbereichen, an verschiedenen Lernorten und in vielfältigen Lernformen angeregt und unterstützt werden kann« (Bund-Länder-Kommission 2003). Statistische Kennzahlen über den jeweiligen Zustand des Bildungssystems (beispielsweise PISA) bieten die Legitimation für konkrete Forschungs- und Institutionalisierungsanreize.

Die »Ökonomie der Perfektionierung« benutzt ermutigende Vokabeln wie »Eigenaktivität« und »Selbststeuerung«, und ihre Subjektivierungsweisen sind nicht darauf ausgerichtet, ein von außen vorgegebenes funktionales Optimum auf dem vorgeschriebenen Weg zu erreichen. Es geht vielmehr um die Einübung in einen *modus operandi*. Das Selbstmanagement in der Wissensgesellschaft setzt vor allem auf eigeninitiativ regulierte Lern-, ergo Optimierungsbereitschaft.

Dem unternehmerischen Selbst begegnen dazu neuerdings Einrichtungen, die selbst unternehmerisch verfasst sind: etwa Universitäten, die mit optimierten Angeboten um Studierende werben (durch Akkreditierung, Exzellenz und/oder publizierte Rankings), sowie ein ausgebauter und zunehmend privatisierter Weiterbildungsmarkt, der ebenfalls mit Instrumenten des Qualitätsmanagements um seine Kunden wirbt. Gleichwohl gilt: Die Ökonomie der Perfektionierung setzt vor allem auf die individuelle Kompetenz, bedarfsgerechte Bildungsentscheidungen zu treffen und qualitätsgesicherte Angebote zu wählen. Andernfalls riskiert man moralische Sanktion: Man habe sich nicht genug bemüht, das angemessene Angebot auszuwählen, deshalb sei man selber schuld. *Lost in lifelong learning?*

Optimierung à la Neuro

Vor diesem Hintergrund erklären sich vermutlich die Allianzbildungen zwischen Neurowissenschaft und Pädagogik. Im Diesseits der Optimierungen von Bildungspolitik und Lernfähigkeit wird die naturwissenschaftliche Grundlegung und Professionalisierung der Pädagogik durch die Berücksichtigung der »allerneueste(n) Forschungsrichtung ... – nämlich [der] neurophysiologische(n) Lernforschung«[4] betrieben. Dieser Anspruch wird überwiegend durch die Neurowissenschaften selbst formuliert. Ihr neues Credo lautet hirngerechtes Lehren und Lernen. Die Pädagogik reagiert zwar überwiegend skeptisch, weil die neurowissenschaftlichen Behauptungen bislang weder bestehende Wissensbestände überbieten noch konkrete didaktische Umsetzungsempfehlungen bereithalten. Gleichwohl sieht sie sich insgesamt mit einer »neurowissenschaftlichen Herausforderung« konfrontiert.

Wieso? Es ist sicher zum einen die von PISA selbst erschütterte Pädagogik, die, wie derzeit auch andere Sozial- und Kulturwissenschaften, in experimentellen Annäherungen an die Neurowissenschaften neue Legitimationsressourcen sucht (etwa als Neuroökonomie, Neurotheologie, Neuroanthropologie), und zwar akademisch wie bildungspolitisch. Hinzu kommt, dass der Paradigmenwechsel in den Neurowissenschaften, wonach die Plastizität von Hirnen lebenslang andauere, per Analogieschluss die bereits etablierte Norm zu unterstützen scheint, dass wir alle prinzipiell und dauerhaft veränderungs*fähig*, ja -*bedürftig* seien. Voilà Neuropädagogik!

Dabei ist Vorsicht geboten. Das Paradigma der neuronalen Plastizität (also der Veränderung von Hirnarealen) bezeichnet in der neurowissenschaftlichen Forschung einen prinzipiell offenen, ungerichteten Prozess. Erst die Rezeption durch interessierte Anwender wie etwa Neuropädagogen behauptet einen neurokonstruktivistischen Zusammenhang: Erstens, Hirnbedingungen bestimmen die Leistungsfähigkeit einer Person. Zweitens, günstige Umgebungsbedingungen begünstigen die Hirnentwicklung. Daraus entsteht drittens für Individuen und

Organisationen die Handlungsaufforderung, günstige Umgebungsbedingungen für ihre Hirnentwicklung zu schaffen. Diese Lesart der
Plastizität ist, wie Catherine Malabou herausarbeitet, nicht zufällig,
sondern korrespondiert mit der gegenwärtigen Hochschätzung der
Flexibilität: »Viele Beschreibungen der Plastizität sind offensichtlich
unbewusste Rechtfertigungen einer grenzenlosen Flexibilität ..., als
ob man, unter dem Vorwand, die synaptische Plastizität zu beschreiben, in Wirklichkeit zeigen wollte, dass die Flexibilität ins Gehirn eingeschrieben ist«.[5]

Von PISA geschockt und durch die Plastizität des Gehirns ermutigt,
richtet sich die dringende Aufforderung an Eltern, Kindergärten, Schu-
len, Lehrer und Weiterbildungseinrichtungen, das Lernen und Lehren
durch die Gehirnforschung zu optimieren. Ein präventiv-interven-
tionistisches Programm auf der Grundlage der Neurowissenschaften
und einer ganzen Reihe von Expertisen gewinnt an Fahrt – und dies,
obwohl die Befundlage weithin als schmal und allenfalls indirekt bewertet werden kann.

Leben im Potentialis

Die Optimierung qua Selbstmanagement, insbesondere durch eine
sich daraufhin optimierende Pädagogik sowie durch ihrerseits optimierte didaktische Instrumente im Rahmen eines unternehmerisch
verfassten Bildungsmarkts, beteiligt sich an dem, was Armin Nassehi
die »Kultur der Eindeutigkeit« nennt: »Nicht mehr Bestimmung der
Gegenwart durch eine traditionale, bekannte Vergangenheit, sondern
Bestimmung einer unbekannten Zukunft durch eine Gegenwart, die –
um mit Jürgen Habermas zu sprechen – ›ihre Normativität aus sich
selber schöpfen‹ muss und dies ... nur um den Preis der inneren Ruhe-
losigkeit und des fortgesetzten Versuchs, sich selbst festzustellen –
also: eine Kultur der Eindeutigkeit«.[6] Die Steigerung der Kontingen-
zen in allen Sinndimensionen (sachlich, zeitlich, sozial) schlägt als

Verunsicherungen und Probleme auf die individuelle Lebensführung durch. Kein Bereich des Lebens ist davon ausgenommen – jede Entscheidung ist von Alternativen umstellt und von Unsicherheiten bedroht, alles könnte immer auch anders sein. Selbstmanagementpraktiken sind in diesem Sinne Technologien der Eindeutigkeit. Ein ansehnliches Inventar an Reflexionswissen aus so unterschiedlichen Gebieten wie Pädagogik, aber auch Psychologie und Philosophie, Zenbuddhismus und Betriebswirtschaftslehre, Spruchweisheiten, Maximen und Prinzipien (das Machiavelli- oder das Zicken-Prinzip) sowie eine Vielzahl von Techniken der entscheidungsbasierten Selbsteffektivierung (neurofiziert und/oder kompetenzorientiert) machen sie zu besonderen Vereindeutigungsmaschinerien in notorisch uneindeutigen Lagen. Und Studien-, Weiterbildungs- und Beratungsangebote sind aus dieser Sicht eine Lösung des Problems, die Dauerunsicherheiten moderner Kommunikationen wenigstens befristet zu sichern. Sie ändern zwar nichts an der fundamentalen Kontingenz aller Sinndimensionen (im Gegenteil, sie erweitern die Beobachtungskomplexität!), doch sie helfen uns, trotzdem fallweise, stets provisorische Verständigungen herzustellen und Handlungsorientierung zu geben. Beratung versteht sich als »Krisenbewältigungsanstrengung«.

Der Trick besteht indes darin, Probleme als lösbar darzustellen. Als lösbar gelten sie unter der Bedingung disziplinierten Selbstmanagements.

Die Optimierungsgesellschaft: Optimieren ohne Optionen?

Diese These korrespondiert mit Michael Makropoulos: Moderne Gesellschaften verstehen und problematisieren sich als Kontingenzgesellschaften. Im Sozialen selbst (etwa in Beratungssettings) wird diese Differenz von Wirklichkeit und Möglichkeit produziert. Die für die Moderne charakteristische Spannung ist die zwischen Sicherheit stiftender Begrenzung von Kontingenz und Freiheit realisierender Nutzung von Kontingenz. Eben hier, so Makropoulos, entstehe die Unterscheidung von Utopie und Optimierung: Utopie sei das, was künftig in einem idealen Zustand Kontingenz reduziere; Optimierung hingegen steigere Kontingenz. »Der Begriff des Fortschritts impliziert … ein unvollständig determiniertes Konzept der Perfektibilität, das sich nicht im Erreichen fiktional entworfener Ziele erschöpft, sondern offene Zielhorizonte freisetzt und als offene realisierbar macht, indem es die permanente Zielerreichung plausibilisiert.«[7]

Reinhart Koselleck erkennt die Ursache dieser Dynamik moderner Gesellschaften in der Entgrenzung der Erwartung aus ihren Bindungen an die Erfahrung. Historischer Effekt dieser Entgrenzung ist die Diskontinuität von Wirklichkeit und Möglichkeit. Sie generiert ein gesellschaftliches Selbst- und Weltverhältnis, so Makropoulos, »dessen operatives Kriterium die schrankenlose Realisierung neuer, situativ extrapolierter Möglichkeiten und dessen soziale Institutionalisierung eine Optimierungsgesellschaft ist – also eine Gesellschaft, die die Integration des Potentials in ihre Selbstkonstitution durch permanente Horizontverschiebung auf Dauer stellt und unbeschadet aller problematischen Seiten des Fortschritts positiviert«. Also noch mal: Optimieren ohne Optionen?

Optimieren, dekonstruieren, experimentieren –
und zurück

Programme, Praktiken und Politiken evidenzbasierter Optimierung auf der Grundlage individuellen oder institutionellen Selbstmanagements sind zum Prototyp, für manche zum Menetekel einer gestaltungsfähigen, aber auch beständig gestaltungsbedürftigen Führung von Individuum, Organisation und Gesellschaft geworden. Möglicherweise ist er zugleich auch Avantgarde. Wir erinnern uns: Avantgarde stammt ursprünglich aus der Militärsprache und bezeichnet die Vorhut, also denjenigen Truppenteil, der als erster vorrückt und somit als erster in Feindberührung tritt. Wer oder was ist hier der Feind? Der Feind oder das Feindbild scheint das eines Netzwerks von ineinander verschachtelten Panoptiken zu sein. Das ist das Trauma einer Beobachtungs- und Regulierungsmaschinerie, in die wir alle eingebunden sind.

Genau hier aber liegt, vermute ich, auch der Traum von Kritik, Subversion und Parodie: eben in der Gemengelage imperfekter Netzwerke, in den Friktionen zwischen Visionen, in den Rissen zwischen Regierungstechniken, in den Trägheiten tradierter gegenüber neuen soziotechnischen Systemen, welche die Managerexpansion ermöglichen und weiter vorantreiben. Auch wenn wir mit unseren Suchbewegungen dort noch nicht angekommen sind, so sollten wir im magischen Fünfeck der Wissens-, Kontingenz-, Beratungs-, Kompetenz- und Optimierungsgesellschaft auch nach solchen Fundstücken Ausschau halten – sie können aber nur mit einem Blick gefunden werden, der nicht nur nach Evidenzen für superlativischen Optimierungswahn sucht, sondern auch nach dessen fallweisen Evidenzverlusten fragt. »Es sind diese Evidenzverluste«, so Michel de Certeau, »die das Mögliche initiieren.«

Dass Dekonstruktionen dieser Art nicht einfach sind, davon zeugt allein schon der Umstand, dass wir alle, während wir dies schreiben oder lesen (natürlich kritisch!), uns selbst als aktive, vermutlich sogar virtuose Selbst-, Zeit- und Projektmanager verstehen. Es ist mithin nichts weniger gefordert als eine soziologisierte Variante der Schizo-Analyse. Und dass trotz aller Optimierungsansinnen durchaus ein gewisser Optimismus angebracht ist, zeigen experimentalisierende Anthropotechniker, die dezidiert auf den Impuls antworten: »Du musst Dein Leben ändern« (Peter Sloterdijk). Sie tun dies etwa als *down-shifter*, die nach für sie angemessenen Formen des Teilrückzugs suchen, als *satisficer*, die sich mit der ersten guten Lösung für eine Entscheidung unter Unsicherheit zufriedengeben und oft genug besser abschneiden als die Maximierer oder als diejenigen, die E-Mails während des Urlaubs nicht nur nicht beantworten, sondern gleich löschen lassen –

wenn es wirklich wichtig war, wird sich der Absender schon wieder melden.

Und da wären wir wieder: Selbstmanagement! Diesmal zwar zur Optimierung der Lebenszufriedenheit in der Optimierungsgesellschaft ... doch die Frage bleibt: Kann es wirklich keine andere Evidenz für und keine andere Praxis des Selbstmanagements geben? Nun, es mag alles darauf ankommen, sich durch Selbstmanagement nicht beherrschen zu lassen, sondern es zu beherrschen, indem wir es in eine Ästhetik der Existenz (Foucault) im Sinne einer experimentalisierenden Selbstführung integrieren. Das könnte übrigens auch die Gesellschaft beeindrucken, in der dies vermehrt geschähe.

Anmerkungen

1 Rose, Nikolas: *Inveting our Selves*. Cambridge 1996.

2 Vgl. Bröckling, Ulrich: »Jeder könnte, aber nicht alle können. Konturen des unternehmerischen Selbst«. In: *Mittelweg* 4, 2002.

3 Luhmann, Niklas: *Die Wissenschaft der Gesellschaft*. Frankfurt am Main 1992, S. 199.

4 Stern, Elsbeth; Grabner, Roland; Schumacher, Ralph: *Lehr-Lern-Forschung und Neurowissenschaften. Erwartungen, Befunde, Forschungsperspektiven*. Reihe Bildungsforschung Band 13. Bundesministerium für Bildung und Forschung 2005.

5 Malabou, Catherine: *Was tun mit unserem Gehirn?* Zürich 2006.

6 Nassehi, Armin: *Differenzierungsfolgen. Beiträge zur Soziologie der Moderne*. Wiesbaden 1999, S. 91.

7 Makropoulos, Michael: »Historische Kontingenz und soziale Optimierung«. In: Bubner, Rüdiger; Mesch, Walter (Hg.): *Die Weltgeschichte – das Weltgericht?* Stuttgart 2000, S. 87 f.

Irmhild Saake
Sterben vor Publikum
Optimierungsstrategien einer Konsumgesellschaft

Eigentlich ist es gar nicht verwunderlich, dass auch Sterbeprozesse evaluiert werden. Auf modernen palliativmedizinischen Stationen werden Menschen beim Sterben nicht nur begleitet, sondern auch beforscht. Da sich eine professionelle Perspektive immer dafür interessiert, wie man einen Ablauf optimieren kann, gibt es auch das Konzept des »Guten Sterbens«. Pflegekräfte schauen zu, wie das Sterben abläuft, und füllen danach einen entsprechenden Fragebogen aus. Die Auswertung dazu klingt so:

»Eine Befragung von Pflegenden über den Sterbeprozess von terminal kranken nicht dementen Menschen, die willentlich jegliche Nahrungs- und Flüssigkeitsaufnahme verweigerten, zeigte, dass 85 Prozent der Patienten innerhalb von zwei Wochen verstarben. Auf einer Skala zur Qualität des Sterbens (0 = sehr schlechtes Sterben, 9 = sehr gutes Sterben) wurde der Sterbeprozess von den zuständigen Pflegenden mit einem mittleren Score von 8 bewertet. Diese Beobachtungen unterstützen die Hypothese, dass ein Verzicht auf künstliche Flüssigkeitszufuhr das Sterben in physiologischer Weise erleichtert.«

Ich zitiere hier eine sehr typische Studie aus einem Themenheft der *Zeitschrift für Gerontologie und Geriatrie* aus dem Jahr 2003, um zu zeigen, wie es aussieht, wenn das Sterben verbessert wird. Dabei fallen – neben der Ratingskala – zwei Besonderheiten auf. Das Sterben hat neuerdings Zuschauer, die sehen, ob es gut war oder nicht. Und: Der Sterbende selbst spielt dabei weniger eine Rolle, außer als Darsteller.

Die Entwicklung hin zu einer neuen Sterbekultur, in der die Sterbenden nicht mehr in den Abstellkammern der Krankenhäuser von anderen Patienten getrennt werden, sondern in speziellen Räumlichkeiten auf ihre zukünftige Aufgabe vorbereitet werden, enthält alle Merkmale eines modernen aufgeklärten Todesbewusstseins. Nichts wird mehr verschwiegen, von Tabus kann eigentlich keine Rede mehr sein, alle Beteiligten werden einbezogen, um den Sterbenden im Kreis seiner Familie auf immer zu verabschieden. Was zuvor vernachlässigt wurde, wird nun optimiert.

Mit der Zahl der Zuschauer entsteht aber ein ganz neuer Verarbeitungsbedarf. Diese neue Erfahrung will besprochen werden, Probleme des gesamten Ablaufs werden am Schluss noch einmal deutlich, und eine Qualitätskontrolle verspricht die Sicherheit, dass es beim nächsten Mal noch besser läuft – ein nächstes Mal haben allerdings nur die Zuschauer.

Im Alltag einer medizinischen Organisation des Sterbens fallen diese Optimierungsstrategien gar nicht auf. Es hat sie schon immer gegeben, aber nun sind Zuschauer hinzugekommen. Was bislang zwischen Arzt und Sterbenden ausgehandelt oder praktiziert wurde – was Medizinalisierung des Sterbens hieß –, findet nun vor Publikum statt. Der Zuschauer gleicht das Erlebte mit dem Wissen um das bisherige Leben des Sterbenden ab und sieht Diskrepanzen, die überbrückt werden wollen. Er gleicht das Erlebte aber auch mit seinen eigenen Erwartungen ab und fragt sich, ob er selbst so sterben will.

Die vielleicht oft zu paternalistische Beziehung zwischen Arzt und Patienten war ein guter Ort, um nicht nur die Vielfalt an Krankheitsverläufen, sondern auch das Sterben selbst in seiner »Negativität« (Friedrich Wilhelm Graf) zu akzeptieren. Das ist aus gutem Grund als »sozialer Tod« kritisiert worden, womit man meinte, dass der Sterbende »sozial« schon früher tot war als medizinisch. Zunehmend wird das Sterben jedoch sozialisiert, und es wird sichtbar, dass »sozial« nicht einfach nur bedeutet, dass alles besser wird, sondern vor allem auch, dass es nun dem kritischen Blick von Konsumenten ausgesetzt ist.

Die sich hieraus ergebenden Optimierungsstrategien sind Strategien einer Konsumgesellschaft, die verdeutlichen, wie weit entfernt wir mit der neuen Aufgeklärtheit des Sterbens von so etwas wie der Rückeroberung eines natürlichen Wissens über das Sterben sind. Aber was soll ein solches natürliches Wissen beinhalten? Der entscheidende Unterschied besteht vermutlich darin, dass wir heute mit intensivmedizinischen Mitteln den Tod sehr lange aufhalten können. So lange, dass wir Zeit genug haben, uns zu fragen, ob alles richtig abläuft. Welche Bilder vom Tod entstehen in diesem Rahmen?

Wer macht sich ein Bild vom Tod?

Wenn man über den Tod forscht und beispielsweise Interviews zum Thema führt, zeigt sich, wie unproblematisch es ist, über den Tod zu reden. In einem Forschungsprojekt konnten wir diesbezüglich sehr schnell entsprechende Gesprächspartner gewinnen, die wir an ganz unterschiedlichen Orten gesucht haben, denn uns interessierten ja alle Todesbilder, nicht nur die der Betroffenen. Was sind überhaupt Betroffene? Fast alle Interviewpartner hatten auf die eine oder andere Art schon ungewollt Bekanntschaft mit dem Tod eines nahen Angehörigen gemacht. Unsere Auswertung konnte jedoch zeigen, dass sich die Art und Weise der Todesthematisierung ändert, je nachdem ob die Interviewten von ihrem eigenen Tod *jetzt* ausgehen oder ihn erst in der Zukunft erwarten, oder ob sie gar nur mit dem Tod anderer rechnen.

Eigentlich haben gerade diejenigen ein klassisch aufgeklärtes, weil ohne Tabus auskommendes Todesbild, deren Erzählung nur vom Tod der anderen handelt. Diese Aufgeklärten sind offenbar diejenigen, die sich den Tod gut wegerklären. Wir haben eine kleine Typologie der Todesbilder und ihrer Besitzer entworfen, die zeigen kann, auf welche Weise wir selbst im Alltag unser Leben im Hinblick auf den Tod optimieren.

Eine erste Gruppe von sehr sicheren und flüssigen Erzählungen handelt eigentlich nur vom Tod *anderer*, also davon, dass einen selbst der Tod nicht betreffen kann. Die unsicheren Erzählungen der zweiten

Gruppe beschäftigen sich mit dem eigenen *zukünftigen* Tod und fragen, wie man selbst sterben, welche Figur man dabei abgeben und ob man etwas Neues über sich erfahren wird. Hier geht es um den eigenen Tod, den man aber im Sterben sozusagen überlebt. In der dritten Gruppe von Erzählungen finden wir Sätze von Menschen, die über dieses Thema nicht so gerne reden, weil sie bereits mit dem eigenen Tod durch eine Krankheit konfrontiert worden sind. Hier finden wir aber auch Interviewpartnerinnen und -partner, die sich offenbar *vorstellen*, sie könnten jetzt sterben, und die sich fragen, was das für ihre Familie bedeuten würde. Was sie sagen wollen, woran sie aber nicht denken möchten, müsste einen Alltag beschreiben, in dem ihre kleinen Kinder ohne Mutter oder Vater, ihre Angehörigen ohne sie, der Partner alleine zurechtkommen müssten – und zwar jetzt sofort.

Dass wir alle sterblich sind, wissen wir irgendwie. Aber ob es sich auch als Wahrheit des möglichen eigenen Sterbens in unseren Erzählungen, in unserem Alltag niederschlägt, hängt davon ab, wie wir vom Tod betroffen sind. Wir sind es nicht alle gleichermaßen. Die Antworten, die wir in den Sätzen unserer Interviewpartner finden, haben viel mit unserer mehr oder weniger betroffenen Gegenwart und wenig mit dem Befund der Sterblichkeit an sich zu tun. Unsere Produzenten von Todesbildern können im Erzählen, im Gespräch, im Interview nur Probleme lösen, die sie jetzt haben – oder auch nicht haben –, und sie finden Antworten, die jetzt im Gespräch des Interviews funktionieren. Mit dem Tod sind wir also nicht in einer gemeinsam geteilten Gegenwart aller Menschen konfrontiert, sondern in vielen verschiedenen Gegenwarten.

Kann uns dann ein schön ausformuliertes Todesbild eines Betroffenen sagen, wie er selber sterben möchte? Das wäre schön, denn die moderne medizinische Sterbebegleitung würde dies gerne vorher wissen – um die eigene Praxis zu optimieren. Wenn man aber der Auswertung unserer Interviews folgt, muss man sagen, dass die gute, aufgeklärte und gegenwärtige Reflexion des Todes über das zukünftige Sterben nicht viel sagen kann. Aber wir brauchen sie trotzdem und halten es für sinnvoll, wenn Menschen sich vor ihrem Tod damit auseinandersetzen. Optimiert wird dabei nicht das Sterben selbst, sondern die Kommunikation und die Reflexion übers Sterben und seine Einordnung in erwartbare, aufgeklärte Routinen – etwa wenn Nochnicht-Patienten in einer Patientenverfügung ausformulieren, was sie wollen, wenn es so weit ist. Wir halten das für sinnvoll und optimieren es, wir, die Zuschauer.

Palliative Care

Die eigentliche Herausforderung der modernen Palliativmedizin sind nicht informierte Patienten, die selbst über ihre Bedürfnisse als Sterbende Auskunft geben können, sondern demente und bewusstlose Patienten. Die Entstehung neuer medizinischer Techniken hält Körper am Leben, deren Geist schon nicht mehr ansprechbar ist. In der nun entstehenden Zeit der Begleitung dieser sterbenden Körper gewinnt eine nachträgliche Biografisierung der Person des Sterbenden große Bedeutung – bei den Angehörigen und bei den Pflegenden. Alles, was in dieser Gegenwart des Sterbens passiert, wird auf den mutmaßlichen Willen des Sterbenden zurückgeführt.

Obwohl also ein ausformuliertes Todesbild zunächst nur wenig Anlass gibt, zu glauben, dass man weiß, was der Sterbende will, orientieren sich alle Beteiligten – und diese Gruppe wird mit der Einbeziehung der Angehörigen immer größer – zunehmend an einem biografisch hergestellten Bild des Todes, das vor dieser Öffentlichkeit aller am Sterben Beteiligter bestehen können muss. Und so lässt sich formulieren – all dies ist nachzulesen in der eben genannten *Zeitschrift für Gerontologie und Geriatrie* –, dass bei »Nachlassen der eigenen Gestaltungsmöglichkeiten die Institution (verpflichtet ist), eine ›Abschiedskultur‹ für sämtliche Bewohner bereitzuhalten«. Und es entsteht folgerichtig eine Situation, in der man auch entscheiden muss, wer eigentlich bei dieser »Abschiedskultur« im Einzelfall alles mitreden darf: »Angesichts der zu erwartenden Zahl von Entscheidungssituationen, in denen aus unterschiedlichen Gründen die Einbeziehung neutraler Personen und die Schaffung konsensorientierter Entscheidungssettings und Prozeduren auch aus rechtlichen Gründen als sinnvoll oder geboten erscheinen, sollten neue Legitimität herstellende Verfahren – zunächst experimentell – konzipiert und erprobt werden.«

Das Ergebnis einer niederländischen Studie, in der Angehörige von Patienten, die an aktiver Sterbehilfe verstorben sind, befragt wurden, war beispielsweise eine große Zufriedenheit mit der Praxis der Euthanasie. Eine Begründung vermuten die Mediziner in der im Fall der aktiven Sterbehilfe wirklich prototypisch verwirklichten Öffentlichkeit des Sterbens, also in der institutionalisierten Variante des »to talk openly about death«.

Die Bestätigung hierfür findet sich in einem anderen Artikel dieser Zeitschrift, in dem vom Verlauf des Sterbens bei einem 19-Jährigen berichtet wird, der – kontraintuitiv – von der normalerweise als unnötig bezeichneten Verlängerung seines Sterbeprozesses profitiert habe. Oberstes Gebot der Sterbehilfe ist eigentlich die Vermeidung unnötiger lebensverlängernder Maßnahmen. Eine trotzdem durchgeführte akute Behandlung dieses jungen Mannes, die zwar zunächst den schnellen Tod verhindert hat, ihn aber letztlich nur etwas hinauszögerte, hat sich in den Augen der Pflegenden bewährt, weil sie dem Betroffenen und den Angehörigen die Zeit gegeben habe, sich auf den Tod einzustellen. Nicht das Sterben ließ sich optimieren, aber die Einstellung dazu und seine kommunikative Flankierung.

Hier wird deutlich, dass nicht die akutmedizinische Behandlung des Sterbens im Vordergrund steht, sondern vor allem die Gemeinsamkeit des Sterbens – auch unter der Bedingung der vielleicht schmerzhaften Verlängerung des Sterbens des Betroffenen selbst. Wie schmerzhaft das ist, können wir als Zuschauer nicht genau wissen. Aber vielleicht evaluieren?

Verdeutlichen sollen diese Sätze, wie anspruchsvoll unsere Anforderungen an das moderne Sterben geworden sind. Es war früher einfach zu kritisieren, dass das Sterben tabuisiert wird, aber nachdem es nun tatsächlich fast schon öffentlich stattfindet, kann man sehen, wie schwierig es ist, sich selbst seinen individuellen Tod zu bereiten. Wie weit die Optimierungsfantasien eines Zuschauers, der um sein eigenes Leben fürchtet, dann jedoch reichen, kann man sich gut ausmalen.

Lebensverlängerung

Die französische Soziologin Céline Lafontaine fasst in einer Studie eine Vielzahl an Experimenten zur Lebensverlängerung zusammen und wagt auf dieser Grundlage eine große Diagnose, nämlich die einer »postmortalen Gesellschaft«[1]. Ihre Argumentation bewegt sich in einer klassischen kulturkritischen Tradition, insofern Etikettierungen wie Leistungskult, »Kult der ewigen Jugend« und »Individualismus« zu einem Gesamtbild einer Konsumgesellschaft zusammengeführt werden. Der Tod, der zunächst auf ein Jenseits verwies, dann verweltlicht und verdrängt wurde, sei auf diese Weise zu einer Herausforderung für die Lebenden geworden, die überwunden werden wolle. In einer zunehmend von Biowissenschaften geprägten Gesellschaft gehe es darum – so Lafontaine –, das Sterben selbst zu verhindern.

Während die einführenden Sätze zum historischen Wandel im Umgang mit dem Tod sehr erwartbar sind, finden sich die interessanteren, von Foucault geprägten Gedanken unter Titeln wie »Re-Engineering der Menschmaschine«. Das neue Todesbild, geprägt von einem »Gefühl der Unsterblichkeit«, zeige sich an der Schnittstelle von naturwissenschaftlichen Innovationen einerseits (Gentechnik, Bionik, Nanotechnologie, Bioinformatik) und medizinischen Uneindeutigkeiten andererseits (Organspende, Hirntod). Dass der medizinische Experte den Tod als Hirntod verhandelbar macht, ist – so Lafontaine – der Startschuss für eine größere Verunsicherung, in der sich die Grenze zwischen Leben und Tod auflöst und der Tod überwindbar zu sein scheint.

Um diese skurrile These zu belegen, listet Lafontaine mehrere randständige Projekte auf, in denen technologisches Wissen mit der Fantasie, den eigenen Tod überleben zu können, zusammengeführt wird. So entstand beispielsweise 2002 in den USA unter der Leitung der National Science Foundation ein Bericht über »Converging Technologies for Improving Human Performance«[2], an dem unter anderem auch der Religionssoziologe William Sims Bainbridge beteiligt war. Beeinflusst von der Kultur des Computerspielens hält er es für möglich, die Persönlichkeit eines Menschen von einem biologischen auf einen informationellen Datenträger überzuleiten. 2005 wurde eine englisch-amerikanische Non-Profit-Organisation mit dem Namen SENS (Strategies for Engineered Negligible Senescence) ins Leben gerufen, die sich dem vollständigen »Re-Engineering« des Körpers auf zellulärer und molekularer Ebene widmet, um auf diese Weise gegen den körperlichen und geistigen Abbau anzukämpfen. Einer der Begründer, Aubrey de Grey, ein Bioinformatiker, hat 2007 ein Buch mit dem Titel *Ending Aging*[3] geschrieben. Ein »Immortality Institute« versammelt de Grey und die Betreiber des Cryonics Institute, um unter anderem gegen die Fortpflanzung anzukämpfen, weil diese das Altern des Körpers beschleunigt. Bereits seit 1998 kämpft die »World Transhumanist Association« für einen verbesserten Zugang aller Menschen zu lebensverlängernden Maßnahmen (»human enhancement«). Und die noch ältere Kryonik, 1967 wurde der erste Mensch »suspendiert«, hat offenbar bereits circa 100 Kunden für ihr Verfahren des Konservierens – nach dem Tod – gewonnen und wartet dringend auf neue Technologien, die eine Reparatur der geschädigten Zellen nach dem Auftauen ermöglichen.

Auf dieser Grundlage warnt Lafontaine nun vor einer »Biosteuerung«, vor »der Auflösung der Unterscheidung von Natur und Kultur«, vor zu viel Individualismus und vor einem Tod, bei dem die Angehörigen nicht mehr trauern können, bei dem alle Rituale fehlen, weil der Blick nur noch auf das Überleben gerichtet sei und der Sterbende selbst zu einem »Ausnahmewesen« werde. Kritisch ruft sie dazu auf, sich wiederum der Abhängigkeit des Einzelnen von der Gesellschaft zu versichern, den Individualismus aufzuhalten und die Sterbenden wieder in die Gemeinschaft der Lebenden und Toten zurückzuführen.

Dass eine Rückwendung auf ein in religiöser Tradition entstandenes Konzept in einer postsäkularen Gesellschaft nicht so einfach möglich ist, liegt auf der Hand. Auch die Verallgemeinerbarkeit der These von Lafontaine ist sicherlich nicht so einfach, wie von ihr behauptet. An dieser Stelle werden die Mängel einer zu plakativen Zeitdiagnose sichtbar. Unter einer Konsumgesellschaft sollte man nicht nur die Förderung von Individualismus verstehen, sondern auch die Ästhetisierung des Körpers auf der Grundlage eines »performing self«, das immer »on display« (Mike Featherstone) ist. Altern und Sterblichkeit werden dann zu einer Frage der Bilder, die man von sich und anderen hat, und an die Stelle des »gattungsethischen Selbstverständnisses« als Sterblicher (Jürgen Habermas), der sein Menschsein dem Wissen um den Tod verdankt, tritt die Gestaltbarkeit der Bilder.

Was Thomas Macho und Kristin Marek als »Neue Sichtbarkeit des Todes«[4] zusammenfassen, ist ein systematischer Aspekt dieses modernen individualisierten Todesbildes. Die massenmediale Aufbereitung von chronischen Erkrankungen, Sterbensverläufen und toten Körpern in entsprechenden *fiction*-Formaten, *real life*-Dokumentationen und Internetforen erzeugt zunächst vor allem Aufmerksamkeit und Betroffenheit. An die Stelle der medizinischen und theologischen Experten des Todes, die ja immer schon an alternde und sterbende Körper gewöhnt waren, treten nun Zuschauer, Familienmitglieder und Betroffene mit neuen Normalisierungsbedürfnissen. Wer Krankheit als normal empfinden will, ist im Krankenhaus gut aufgehoben; außerhalb des Krankenhauses in einer Welt des Konsums und des Fernsehens sind Altern, Krankheit und Tod jedoch vor allem unästhetisch und wollen überwunden werden. Sie repräsentieren Leiden, das dem Zuschauer unverständlich erscheint und auch bleibt, weil es sich nicht im Umgang mit konkreten Personen relativieren lässt. Es führt zu Betroffenheit, obwohl wir eigentlich gar nicht betroffen sind.

Wir sind nicht alle vom Tod betroffen

Die Fachliteratur zum Thema Tod ist überladen mit wohlformulierten Sätzen, in denen versucht wird, der Erhabenheit dieses Themas gerecht zu werden. Gemeinsame Quintessenz solcher Sätze ist meist die Behauptung:»Der Tod gehört zum Leben.«Fast niemand wird diesen Satz ablehnen, aber was bedeutet er eigentlich? Wie kann eine auf diesem Satz aufbauende Expertise im Umgang mit dem Tod aussehen? Experteninterviews, die wir mit ganz unterschiedlichen Berufsgruppen geführt haben, verdeutlichen, wie distanziert eine professionelle Auseinandersetzung mit dem Tod verläuft. Auch diese Sätze flüchten sich in die Behauptung einer symmetrischen Betroffenheit vom Tod und machen dabei doch die unerträgliche Ungleichheit einer Situation sichtbar, in der der eine stirbt und der andere ihm dabei zuschaut.

Zwei typische Zitate – aus dem Bereich der Philosophie und der Gerichtsmedizin – sollen verdeutlichen, was mit symmetrischer Todesbetroffenheit gemeint ist. Zunächst ein Professor für Ethik:

»Mir ist das deutlich geworden, ich habe eine Schwägerin verloren, die mit 40 an einem Brustkrebs gestorben ist. Und als diese Diagnose Krebs dann zum ersten Mal auftauchte und als die dann definitiv wurde, im Sinne des Unheilbaren, dann ist mir deutlich geworden, dass wir mit diesem Wort etwas ganz Eigenartiges verbinden, nämlich, dass wir jetzt der Meinung sind, sie sei die einzige Sterbliche unter ansonsten Unsterblichen. Dass in Wirklichkeit wir alle Sterbliche sind, und dass das Faktum darin besteht, dass sie zehn, 20, 30 Jahre weniger an Leben hat als die anderen, und dass unsere Grundbefindlichkeit die gleiche ist, das geht vollständig verloren, und der mit einer solchen Krankheit Geschlagene erfährt sich als der absolut Ausgegrenzte, unter lauter Unsterblichen, und das macht es für ihn gewissermaßen peinlich, von seinem Sterbenmüssen noch zu reden. Das heißt, er verschweigt es lieber, nicht weil es ihm selbst schwerfällt, sondern weil er den anderen, die in diesem Wahn befangen sind, also nicht auf die Nerven gehen will. ... Und da ist mir deutlich geworden, in diesem Einzelfall, dass, nur wenn ich den Tod im Sinne dieser absoluten Ohnmacht und im Sinne dieser absoluten Vereinzelung ernst nehme, und dies auch für mich realisiere, als einen ganz wesentlichen Bestandteil meiner eigenen Lebensform, dass ich dann überhaupt die Möglichkeit habe, den anderen zu begleiten. … Im Falle meiner früh verstorbenen Schwägerin habe ich –, ist mir erst deutlich geworden, was es unter solchen Bedingungen dann bedeutet, eine Reise so und so noch einmal zu machen. Oder ein Museum zu besuchen. Das heißt, alle Dinge bekamen auf einmal eine neue Einzigartigkeit, mit einem neuen Eigenwert, während sie sonst nur Exemplare aus dem unermesslich riesigen Vorrat des Möglichen waren, auf das wir vermessen und ohne Sinn für das Maß vorgreifen und uns einbilden, das kommt ja alles noch.«

Was hier dem Ethikprofessor noch so eben möglich ist, nämlich seine Expertise – man muss sich den Tod als gemeinsames Merkmal aller Menschen bewusst machen – in sein alltägliches Leben hineinzuholen, gelingt dem von uns interviewten Gerichtsmediziner, der im Alltag immer wieder mit dem Tod zu tun hat, nicht.

»Es ist so, wenn man ständig mit dem Tod zu tun hat, müsste oder sollte man denken, dass reflektierend die Einstellung zum Leben dadurch stark geformt wird, und dass man vielleicht weiser wird im Umgang mit seinem Leben. Tatsache ist aber, dass man bei kleinen Ärgernissen durchaus sich nach wie vor ärgert und nicht relativieren kann, wo man eigentlich sagen müsste, das sind alles, hinsichtlich des Endzustandes Tod und der begrenzten Zeit, die man zu leben hat, Bagatellen. … Also so ist es bei mir nicht.«

Beide Zitate verdeutlichen, dass das gemeinsam geteilte Todesbewusstsein nicht eine eigentliche menschliche Normalität darstellt, sondern einen Kunstgriff, der mühevoll hergestellt werden muss. Der Gerichtsmediziner, der sich bestens in der philosophischen Thanatologie auskennt, wundert sich über sich selbst, dass er sich im Alltag mit Kleinigkeiten aufhält, obwohl er doch um die Irrelevanz dieser Themen im Angesicht des Todes wissen müsste. Während wir das Interview mit ihm führen, ärgert er sich übrigens ganz fürchterlich, weil er eine selbst erstellte Dia-Reihe zu Massenkatastrophen nicht findet. Und so muss er sich zugestehen, dass seine Expertise über den Tod seinen Ärger nicht relativiert, ihn nicht gelassener macht.

Nun noch ein Beispiel aus der Medizin: Wir haben die Leiterin einer Kinderpalliativstation in ein soziologisches Seminar eingeladen, um mit ihr über die Praxis und die Theorie des Sterbens zu diskutieren. Als sie begann, von ihrer täglichen Arbeit zu berichten, wurde nach und nach deutlich, wie stark der therapeutische Anteil ihrer Arbeit gerade darin besteht, noch weiterreden zu können, wenn die Eltern eines sterbenden Kindes unter Tränen nicht mehr weiterreden können. Was sagt man, wenn das eigene Kind fragt, ob es sterben muss? Im Seminar selbst haben Teilnehmer, die eigene Kinder haben, den Raum verlassen, weil sie zu stark von der Situation betroffen waren und sich mit dem Thema nicht mehr auseinandersetzen wollten. Das Bezugsproblem dieser Art von Expertise – neben der klassischen medizinischen Expertise – besteht erkennbar auch in dem schlichten Befund, dass die Leiterin dieser Einrichtung Erwartungsstrukturen ausgebildet hat, die sie mit diesem Thema rechnen lassen. Ihre Aufgabe besteht darin, den Eltern beizubringen, ihrem Kind gegenüber, das vielleicht von der zeitlichen Konsequenz seines Sterbens noch nicht so viel weiß, die Fassung zu wahren und auch weiterhin ein ansatzweise normales Familienleben auszubilden. Nicht die Symmetrie, nicht das Hineinversetzen in die Eltern, nicht das Mitleiden ermöglichen diese Hilfe, sondern die professionelle Distanziertheit, die mit der asymmetrischen Betroffenheit vom Tod vertraut ist. Die Optimierung des Sterbens ist eine Kommunikationsoptimierung.

Tiere essen Tiere

Welches Ausmaß die moderne Fähigkeit des Mitleidens annimmt, lässt sich am Beispiel des Tiere-Essens darstellen. Die Kritik am Fleischkonsum ist möglich geworden, weil wir gelernt haben, uns sogar in Tiere hineinzuversetzen. Wir gewöhnen uns an die Entdeckung, dass Tiere, deren Fleisch wir verzehren, dafür sterben müssen. Das war offenbar zwischenzeitlich in Vergessenheit geraten. Die Kritiker würden vielleicht behaupten, es wurde verdrängt. Aber der Unterschied zwischen dem Todesbewusstsein des Menschen und dem des Tieres war einmal die Grundlage für die Unterscheidung der Gattung Mensch von der des Tieres. Das Selbstbewusstsein des Menschen wird dabei oft auf seine Fähigkeit zum Symbolverstehen zurückgeführt, zur Kommunikation. Katzen, die man für schlau hält, verstehen noch nicht einmal, wenn man mit dem Finger auf einen gefüllten Napf zeigt.

Auch wenn neue Forschungen Hinweise auf die Fähigkeit von intelligenten Tieren zur Selbsterkenntnis liefern, ist dieser Unterschied hier nicht relevant, sondern die neue Fähigkeit zur Empathie, zur Unterstellung einer symmetrischen Betroffenheit vom Tod mit dem Tier. Aber auch diese Symmetrie ist eine konstruierte Symmetrie. Denn da die Tiere nicht für sich selbst reden, tun wir es. Genauso erklärungsbedürftig wie die gemeinsame Betroffenheit vom Tod der Gattung Mensch ist nun die Verwischung der Gattungsunterschiede. Wie weit wird sich das Mitleiden ausdehnen?

Eine Konsequenz unserer eigenen Studie im Umgang mit diesen großen Symmetrieerwartungen könnte die Empfehlung sein, all diese unterschiedlichen Gegenwarten, in denen wir über das Sterben reden, zunächst als unterschiedliche Kontexte zu sehen, Sterbende und Zuschauer zu unterscheiden. Ein Sterbender, ein Angehöriger, ein Arzt, ein Biograf, der sein Leben erzählt und seinen Tod antizipiert – sie alle bewegen sich in unterschiedlichen Kontexten. Aus der Perspektive des passiven Zuschauers, des rezensierenden Publikums ist das Mitleiden zwar plausibel, aber es unterschlägt systematisch den großen Unterschied: Der eine stirbt und der andere schaut dabei zu. Die Optimierungsstrategien des Sterbens sind deshalb typischerweise Strategien der Überlebenden, die sich ihr eigenes Sterben ausmalen und dabei ihr Leben verlängern.

Ob Tiere davon profitieren werden, wenn Menschen kein Fleisch essen, lässt sich nicht beantworten, solange nicht entsprechende Verständigungsmöglichkeiten vorhanden sind. Aber auch dann bleibt das Problem, dass ja nicht nur Menschen Tiere essen, sondern auch Tiere.

Und so verschiebt sich die grundlegende Asymmetrie dessen, was man nicht erklären kann, etwas weiter nach hinten. Interessant daran ist nicht die kulturkritische Attitüde der Vergeblichkeit alltäglicher Sinnstiftung, sondern die Nichtvertrautheit mit grundsätzlichen Ungleichheiten, die daraus resultiert. Wir bewältigen die Erfahrung des ganz Anderen, des Nicht-verstehen-Könnens, damit, dass wir zuschauen und uns hineinversetzen. Aber wo gibt es eigentlich noch Gelegenheiten, sich mit dieser radikalen Perspektivendifferenz adäquat auseinanderzusetzen?

Am Ende des letzten Jahrhunderts haben wir uns noch gar nicht getraut, mit Sterbenden selbst zu sprechen. Wir haben deshalb nur vier Interviews mit Sterbenden geführt, in denen wir allerdings nicht so richtig nachgefragt haben, wie es denn ist, zu sterben. Das erschien allen Beteiligten als geschmacklos. Wenn man sich die gleiche Situation aus der heutigen Perspektive anschaut, dann rechnet man geradezu damit, einer Castingshow zum besseren Sterben zu begegnen. Die Massenmedien informieren mit allen Mitteln darüber, wie die letzten Minuten des Lebens aussehen können, und sie finden Sterbende, die bereit sind, sich von Beginn der Diagnose einer tödlichen Erkrankung an bis zum Tod von Kameras begleiten zu lassen.

Letztlich ist der Tod der Inbegriff all dessen, was sich als Asymmetrie beschreiben lässt. Er verkörpert eine soziale Form, die sich unserem Zugriff komplett entzieht und zum Schluss noch nicht einmal als der große Mythos entlarvt werden kann. Der Gleichheitsbedarf der modernen Gesellschaft und die damit verbundene Optimierung des Sterbens als evaluiertes Sterben verraten eigentlich vor allem etwas über unsere Unfähigkeit, uns mit Asymmetrien und letztlich nicht Optimierbarem zu arrangieren und sie in normalisierende Schablonen zu überführen – wie es sicherlich vormoderne Gesellschaften noch konnten und mussten. Aber das gelingt uns vielleicht auch besser, wenn wir uns als Vegetarier fragen, warum Tiere Tiere essen. Warum eigentlich?

Anmerkungen

1 Lafontaine, Céline: *Die postmortale Gesellschaft*. Wiesbaden 2010.

2 Roco, Mihail C.; Bainbridge, William Sims (Hg.): *Converging technologies for improving human performance: nanotechnology, biotechnology, information technology and cognitive science*. U.S. National Science Foundation 2002.

3 Grey, Aubrey de; Rae, Michael: *Ending aging: The rejuvenation breakthroughs that could reverse human aging in our lifetime*. New York 2007.

4 Macho, Thomas; Marek, Kristin: *Die neue Sichtbarkeit des Todes*. München 2007.

Christian Gansch, Armin Nassehi
Der perfekte Klang
Über die Leichtigkeit vollendeter Musik

Auf den ersten Blick mag es erstaunlich sein, im Zusammenhang mit Optimierung über Musik zu reden. Allerdings besteht die Praxis des Musizierens sehr wohl aus (Selbst-)Optimierungsstrategien. Yehudi Menuhin wird die Aussage zugeschrieben, wenn er einen Tag nicht übe, merke er es, wenn er zwei Tage nicht übe, würden es seine Freunde merken, und am dritten Tag ohne Üben sogar das Publikum. Musikalische Kunstfertigkeit muss sich in einer konkreten Gegenwart bewähren, sie muss gewissermaßen abrufbar sein – und musikalische Optimierungsstrategien ermöglichen es dem Musiker erst, in der konkreten Situation zu tun, was zu tun ist.

Musik ist aber nicht nur Kunst, sie ist auch Industrie, Ware und Distinktionsmittel – sie wird künstlerisch gestaltet und hervorgebracht; sie wird industriell produziert, gespeichert und distribuiert; sie muss sich als Ware auf Märkten für Konzertevents und Tonträger bewähren; und nicht zuletzt hat sie eine enorme Bedeutung für die Identität und für die Abgrenzung von Milieus, Lebensstilen und Lebensformen. Die Musik spielt also tatsächlich in unterschiedlichen Arenen, in denen ganz unterschiedliche Erfolgsbedingungen gelten. Wie alles in der gesellschaftlichen Moderne lässt sich auch an der Musik erkennen, dass die Gesellschaft sehr unterschiedlich auf sie zugreift, dass Musik ganz unterschiedliche Bedeutungsebenen hat. Sie nur unter künstlerischen Gesichtspunkten zu betrachten wäre ebenso verkürzt, wie sie nur als industriell arbeitsteiliges Produkt, nur als Ware oder auch nur als ein Distinktionsmittel zur Abgrenzung von anderen Lebensstilen anzusehen.

Gerade weil Musik so unterschiedliche Bedeutungsebenen hat, wird sie auch ganz unterschiedlich optimiert. Christian Gansch ist jemand, der diese unterschiedlichen Ebenen kennt. Er studierte Klavier und Violine in Wien, war Konzertmeister des Wiener Kammerorchesters und von 1981 bis 1989 Mitglied der Münchner Philharmoniker. Seit den 1990er-Jahren ist er ein international gefragter Dirigent, kennt die Musikbranche aber auch aus der ökonomischen Perspektive. Er hat als Produzent über 190 CDs produziert, unter anderem mit Pierre Boulez, Lang Lang und Anna Netrebko. Und er ist zugleich jemand, der im Zusammenspiel eines Orchesters ein Modell für Organisations- und Führungsaufgaben sieht. Die Frage, was Unternehmen von Orchestern lernen können, nennt er selbst »Orchester-Unternehmen-Transfer«. Er kennt also unterschiedliche Optimierungspraktiken. Armin Nassehi hat mit ihm darüber gesprochen.

Armin Nassehi: Wir wollen übers Optimieren sprechen, über die Suche nach optimalen Lösungen. Sie sind Musiker, Sie haben Klavier und Violine studiert, Sie sind ein international bekannter Dirigent. Wie optimieren Künstler ihre eigenen Fähigkeiten?

Christian Gansch: Da gibt es drei Ebenen, die sich wechselseitig befruchten und bedingen, man könnte sagen, es braucht den »Dreiklang der Optimierungskunst«: erstens das Technisch-Handwerkliche, zweitens die geistige Auseinandersetzung mit dem Werk, also das Wissen um Hintergründe und Ursachen einer Komposition, und schließlich das Künstlerisch-Emotionale, welches das Transportmittel aller Faktoren zum Hörer ist. Wenn man auch nur ein Element vernachlässigt, kann kein erstklassiges Ergebnis auf der Bühne entstehen. Ich denke, jeder kann sich einen Künstler vorstellen, der zwar eine Botschaft hat, diese aber technisch nur mittelmäßig umsetzt, wodurch sie verpufft; oder einen, der sich selbstverliebt austobt, ganz ohne Bezug zur Charakteristik des jeweiligen Werks. Beide haben nicht das optimale Ergebnis im Sinn, mit dessen Substanz sie Zuhörer überzeugen wollen, vielmehr dient ihnen die Musik als Vehikel zur persönlichen Befriedigung. Dann gibt es noch die Virtuosen, deren ganzes Streben allein der technischen Perfektion dient, was für Zuhörer durchaus ein hoher ästhetischer Genuss sein kann, aber bisweilen langweilt die reine Virtuosität sehr schnell und läuft ins Leere. Die wahren Meister wissen, dass sie Handwerk, Wissen und künstlerischen Ausdruck stets parallel entwickeln und optimieren müssen.

Heißt Optimieren dann womöglich, bei bestimmten Aspekten – zum Beispiel bei technischer Virtuosität – auf das letzte Optimum zu verzichten?
Kompositionen sind sehr komplex und beinhalten sowohl virtuose Passagen, die von der Brillanz leben, als auch eine Fülle menschlicher Emotionen, wie Wärme, Tiefe, Leidenschaft, Melancholie usw. Wenn der Künstler zwischen beiden Ebenen pragmatisch pendeln und umschalten würde, er also mit Tunnelblick sich in den technischen Momenten rein aufs Virtuose und in den emotionalen allein auf den Ausdruck konzentrierte, würde das Konzert zusammenhanglos in seine Einzelteile zerfallen und am Ende kein großer Bogen, keine Beständigkeit im Ablauf mehr spürbar sein. Weil dem so ist, kombinieren große Künstler beide Ebenen: Einerseits streben sie danach, die emotionalen Stellen mit bestmöglicher technischer Brillanz darzubieten, indem sie sich nicht darauf verlassen, dass die Zuhörer durch intensive Emotionen hoffentlich von kleinen Fehlern abgelenkt werden. Anderseits werden sie versuchen, die technischen Passagen mit möglichst viel Ausdruck zu spielen. Nachdem die optimale Technik also einem großen Ganzen dienen soll, erfährt sie bisweilen auch minimale Abstriche, damit sie im Zusammenhang noch ihre Berechtigung hat. Das ist stets ein heikler Balanceakt, der situativ im Hinblick auf Kontinuität entschieden werden muss und viel Reflexion erfordert.

Dem Laien fällt als wichtigstes Mittel das Üben, die Wiederholung, die Routine ein. Stimmt es, dass das musikalische Spiel vor allem dadurch optimiert wird, dass man nicht mehr nachdenken muss, dass sich die

Dinge von selbst ergeben, dass das Spiel fast vorbewusst, fast von selbst geschieht?

Alle Instrumentalisten, die oft extrem schwierige und schnelle Passagen zu bewältigen haben, brauchen perfekt einstudierte und automatisierte Bewegungsabläufe, die mit Hochleistungssport zu vergleichen sind. Man trainiert schwierige Passagen bereits in jungen Jahren auf eher monotone Weise, bis die erforderliche komplexe Bewegung der Finger einen Abdruck im Gehirn hinterlassen hat, der jederzeit abrufbar ist, allerdings nur, solange man körperlich in Form ist. Nachdem ich die Münchner Philharmoniker verlassen und mit dem Üben aufgehört hatte, machte ich eine bizarre Erfahrung, als ich nach langer Zeit auf meiner Violine vertraute Stücke spielen wollte: Mein Gehirn hatte die Abläufe nach all den Jahren noch präzise gespeichert, sowohl die Koordination von Bogen- und Grifftechnik, bis hin zum erforderlichen Druck in der Bogenhand und sogar der Frequenz des Vibratos. Nur meine Finger, Hände und Arme machten leider überhaupt nicht mit! Das Hirn war bereit, aber das Fleisch war schwach, und das Ergebnis so deprimierend, dass ich meine Violine gleich wieder einpackte. Da wurde mir bewusst, wie automatisiert all mein geigerisches Können einmal gewesen war. Es hätte Monate des Übens gebraucht, alle körperlichen und geistigen Prozesse wieder reibungslos in Gang zu setzen.

Es gibt einen großen Unterschied zwischen optimalen technischen Fertigkeiten und gelungenem künstlerischen Ausdruck. Wie verhalten sich diese beiden Seiten zueinander?

Man ist beim Spielen nur frei, wenn man sich vom Technischen bis zu einem gewissen Grad lösen kann. Jeder künstlerische Ausdruck braucht Lebendigkeit, Spontaneität und Flexibilität, sonst arbeitet man nur eingelernte Standards ab, was Zuhörer als trostlos empfinden. Technik und Ausdruck bedingen sich wechselseitig. Es kann beispielsweise für einen Instrumentalisten unangenehm sein, wenn er bei einer speziellen musikalischen Passage zu einem neuen Ausdruck findet, der von seiner ursprünglichen Intention stark abweicht. Das kann die betreffende Stelle so stark verändern und erschweren, dass er ihr technisch plötzlich nicht mehr gewachsen ist. In diesem Fall muss er sich eine neue technische Strategie für seine neue künstlerische Idee überlegen und diese wieder so lange einüben, bis sie seinem Ideal entspricht.

Außerdem ist jede künstlerische Aussage nicht nur vom individuellen Empfinden, sondern auch von den äußeren Umständen abhängig. Denken Sie beispielsweise an die unterschiedlichen akustischen Verhältnisse in den Konzertsälen dieser Welt: In manchen muss man die tiefen Töne hervorheben, weil der Saal sie absorbiert, in anderen wiederum die mittleren oder hohen; manche Säle haben einen sehr langen Nachhall, der einen sensiblen Künstler automatisch langsamer spielen lässt, was seine antrainierten Abläufe total durcheinanderbringen kann. Andere Säle klingen so trocken, dass er sofort spürt, sich auf ein viel schnelleres Tempo einstellen zu müssen, was ebenfalls eine beträchtliche Herausforderung darstellt. Künstler müssen die technischen Parameter an jedem neuen Ort präzise feinjustieren, damit ihre Botschaft vom Publikum selbst in unterschiedlichen Sälen auf gleiche Art und Weise verstanden wird. Aber stets gilt: Ändert sich der Ausdruck, ändert sich die Technik – und umgekehrt.

Haben Sie eine Idee des wirklich perfekten, optimalen Musikerlebnisses?
Nachdem ich mich mit den meisten Werken beruflich auseinandergesetzt habe, gehe ich mit anderen Erwartungen in ein Konzert als die Mehrheit des Publikums, das eher genießen will. Ich bin also stets voreingenommen, habe beispielsweise eine klare Vorstellung, wie Beethoven klingen sollte, nicht zuletzt, weil ich alle seiner neun Symphonien in England dirigiert habe. Das ist leider keine Voraussetzung für ein entspanntes Konzerterlebnis, zum Leidwesen meiner Partnerin, und führt dazu, dass ich entweder jeden noch so kleinen Fehler sofort höre oder mit der Interpretation nicht einverstanden bin. Dennoch erlebe ich immer wieder diese magischen Momente, in denen ich alles

vergesse, loslasse und in denen meine kritische Distanz einer tiefen Dankbarkeit weicht. Dies ist der Fall, wenn das Technische nicht mehr als solches wahrnehmbar ist, wenn der Fluss der Musik nicht durch modische oder ideologische Interpretationsfloskeln gestört wird, wenn der Ausdruck zwar noch den ursprünglichen Geist der Komposition atmet, obwohl er sich zugleich davon befreit und dabei zu sich selbst findet, und dadurch die Musik ganz selbstverständlich auf natürliche Art und Weise lebendig wird, sie zu mir spricht und mich bewegt.

Perfektion ist also etwas, das sich nicht allein instrumental herstellen lässt. Wenn technische Perfektion nicht mehr als technische Perfektion wahrgenommen werden soll, dann sind optimale Lösungen solche, die nicht mehr in den Intentionen des Musikers auftauchen. Sie haben das vorhin am Beispiel Ihrer Finger beschrieben. Liegt Perfektion dann eher im Körper, im Vorbewussten? Werden Sie als Musiker von optimalen Lösungen überrascht? Auch bei sich selbst?

Der Künstler muss seinen Körper sehr bewusst wahrnehmen. Bedenken Sie, dass es Jahre dauert, in denen die tägliche Körperkontrolle und auch permanent Haltungskorrekturen erforderlich sind, bis ein Geiger beispielsweise die Bogentechnik beherrscht. Die Voraussetzung für Perfektion ist leider immer noch das unerbittliche, disziplinierte Üben. Dabei ist das Ohr des Künstlers, das er im Laufe der Zeit verfeinern muss, der einzige Maßstab, obwohl ein gewisses Hörtalent unabdingbar ist. Ohne ein trainiertes Ohr gibt es kein optimales Ergebnis. Man kann somit Körper und Geist nicht trennen, dennoch haben Sie in einem anderen Sinne völlig recht: Wenn die genannten technischen Voraussetzungen stimmen, entsteht auf einem hohen Niveau plötzlich eine ungeahnte Leichtigkeit, fällt einem unerwartet wie von selbst eine Kompetenz zu, die man weder erwarten durfte noch auf diese Weise eingeübt hat, und die einen über sich selbst hinausträgt. Diese Augenblicke sind beglückend, weil alle analysierten Einzelkriterien, alle bemühten und bisweilen vielleicht sogar verbissenen Bemühungen, das Optimale herauszuholen, unvermittelt in eine existenzielle Selbstverständlichkeit und Wahrhaftigkeit münden. Ich glaube daher: Die allergrößte Kunst ist, im richtigen Moment loslassen zu können.

Musik wird (zumeist) nicht alleine gemacht, sondern von mehreren Musikern, vielleicht einem Sänger und einem begleitenden Pianisten, von einem Streichquartett oder einem Orchester. Wie optimiert man das Zusammenspiel? Wie machen Sie das als Dirigent? Sind Sie Diktator, Moderator oder gar Diener des Orchesters?

Bei Gesang mit Klavier dominiert die Stimme den Stil, während der Pianist ein Begleiter ist, der sich nicht willenlos unterordnen darf, sondern selbstbewusst Akzente setzen muss. Künstlerische Spannung entsteht ja nicht zuletzt aus kreativer Reibung. Manche Klavierbegleiter sind zugleich großartige Coachs mit einem enormen Hintergrundwissen, die manche berühmte Sängerinnen und Sänger erst zu dem gemacht haben, was sie sind.

In Streichquartetten hat üblicherweise jeder eine gleichberechtigte Stimme, auch wenn sie sich immer wieder aufs Neue je nach Kompetenzen abstimmen, wer von ihnen bei welchem Stück das letzte Wort hat. Übrigens ist Streichquartettspielen Gruppendynamik in reinster Form: Diese vier Musiker sind jahrzehntelang quasi aneinandergekettet, sie müssen tagtäglich stundenlang miteinander üben, wochenlang miteinander reisen, nach den Konzerten sind sie gemeinsam zum Essen geladen, jeder bekommt die Launen der anderen ungefiltert mit. Viele halten das nur mittels standardisierter Distanzstrategien aus: Ich kenne Streichquartette, die buchen stets verschiedene Flüge und Hotels, damit sie sich möglichst oft aus dem Weg gehen können und keinen Lagerkoller bekommen, und keiner ist dem anderen böse!

Die Realität von Orchestern hat wenig mit der üblichen Wahrnehmung des Publikums zu tun. Dirigenten und Orchester pflegen seit Jahrzehnten ein partnerschaftliches Verhältnis. Prinzipiell gilt das orchestrale Motto »aufeinander hören – miteinander handeln«, trotz unterschiedlicher Interessen, Persönlichkeiten und Instrumente. Das hat für mich fast schon eine philosophische Dimension. Die Musikerinnen und Musiker wissen, dass ihr Publikum für eine optimale orchestrale Darbietung bezahlt hat und nicht, um 100 Spezialisten zu hören. Deswegen wollen und brauchen sie den Dirigenten als übergeordnete, verantwortliche Instanz, die das reibungslose Wechselspiel aller Kräfte organisiert. Der Dirigent ist sich wiederum dessen bewusst, dass er den Topprofis des Orchesters nicht einfach seinen Willen aufzwingen darf, sondern sie von seiner Idee überzeugen muss. Seine Sensibilität und Wahrnehmungskompetenz ist entscheidend, nicht seine Befehlsgewalt oder etwaige lächerliche Machtspielchen, die ein Orchester innerhalb von Sekunden durchschauen und als Peinlichkeit empfinden würde. Man muss dabei aber die innere Struktur eines Orchesters beachten: Es besteht aus über zehn autarken Abteilungen, mit mehreren Führungskräften und Stellvertretern je Abteilung, die ihren Verantwortungsbereich mittels präziser Körper- oder Instrumentenbewegungen selbständig dirigieren, ohne dass sich der Dirigent einmischt. Diese Funktion wird sogar in den Arbeitsverträgen der Musiker beschrieben! Die Vorstellung des Publikums, der Dirigent sei für alles zuständig, ist völlig falsch. Ohne präzise Führungsprozesse innerhalb des Orchesters gibt es kein gutes Konzert. Zugleich schätze ich sehr, dass das abteilungsübergreifende Miteinander zwischen den Kolleginnen und Kollegen im Orchester mehr von einem fachlichen Respekt dominiert wird als von verkrampft-künstlichen Harmonie-Idealen.

Wo liegen Grenzen des Optimierens?

Wenn man das Optimieren als Verfeinerung betrachtet, wird klar, dass es am Ende um Nuancen geht, die nur mehr Spezialisten wahrnehmen können. Und darin lauert die Gefahr! Man darf daher nie aufhören zu reflektieren, worum es geht, wem man dient und zu welchem Zweck! Musiziert man nur für die Ohren von Profis, verliert man sich in Details und wahrscheinlich das große Ganze aus den Augen. Somit liegt die zugegebenermaßen stets fließende Grenze dort, wo das

Optimieren zum Selbstzweck wird, ohne Nutzen für die interessierte Mehrheit und nur mehr wahrnehmbar für eine spezialisierte, eingeweihte Minorität. Problematisch wird es, wenn Optimierungen enorme Kosten verursachen, die man der Mehrheit aufbürdet, ohne dass sie davon profitiert. Um Missverständnissen vorzubeugen: Ich will keinesfalls sagen, dass man sich der Mehrheit anpassen muss – das wäre innovationsfeindlich –, sondern nur, dass die Gesellschaft letzten Endes einen Nutzen aus Optimierungsprozessen ziehen sollte, auch wenn sie diesen anfangs nicht sofort erkennen kann. Optimierungsbemühungen ohne soziale Verantwortung sind wertlos. Als Metapher können in diesem Zusammenhang diverse technische Geräte dienen, die unzählige Zusatzfunktionen haben, die nur mit beträchtlichem Aufwand herzustellen sind, obwohl sie fast keiner versteht und nutzt. Nur einige wenige Tüftler betrachten solche Sinnlosigkeiten als feine Delikatessen, der Rest bezahlt den Preis.

Sie sind nicht nur Musiker, sondern auch Produzent, das heißt, Sie kennen auch die technische, die ökonomische und die Marketingseite der Musikproduktion. Musik wird immer perfekter. Wer eine CD hört, eine Digitalaufnahme, perfekt abgemischt und bearbeitet, hört eine perfektere Musik als womöglich das, was im Konzertsaal zu hören ist. Was sind die Folgen dieses optimierten Hörerlebnisses, an das wir uns so sehr gewöhnt haben?

Die Folgen sind komplex: Einerseits reagiert das Publikum irritiert, wenn es mal einen größeren Fehler wahrnimmt, andererseits ist es dankbar, weil ein Fehler die Distanz zu den Künstlern auf der Bühne mindert und sie menschlicher erscheinen lässt. Allerdings machen sich die Künstler den größten Druck selbst. Viele können mit dem Freigaberecht, das ihnen üblicherweise für CD-Produktionen vertraglich zugesichert wird, nicht umgehen. Dieses Recht verführt Künstler, nach abgeschlossener Aufnahme so lange mit ihrem Produzenten am Endschnitt herumzubasteln, bis er ihrer Meinung nach optimal ist. Meistens zerschnipseln sie dabei die Musik so stark, dass von ihrer ursprünglich großartigen Intention nichts mehr übrig bleibt. Man muss dazu wissen, dass bei Produktionen immer sehr viele Fassungen aufgenommen werden, also jeder Ton und Takt mehrmals vorhanden ist. Fast alle Künstler geraten während dieser Postproduktionsphase in einen fast schon neurotischen Optimierungswahn. Sie verlieren oft jegliche Übersicht, aus panischer Angst, nicht perfekt veröffentlicht zu werden und deswegen schlechte Kritiken zu bekommen – ein Teufelskreis. Die Medien lasten dieses Perfektionsstreben fälschlicherweise meistens den CD-Firmen und Produzenten an. Wie oft haben mich berühmte Pianisten, Dirigenten und Sänger mitten in der Nacht von einem anderen Kontinent aus angerufen, mit der Bitte, eine bereits laufende Veröffentlichung sofort zu stoppen, weil sie mit einem schnellen, kaum hörbaren Ton im Takt 748 unmöglich leben können! Sie baten mich, den Ton auszuwechseln. Es war Teil meines Jobs, sie zu beruhigen, ihnen wieder Sicherheit und Überblick zu vermitteln und zu erläutern, dass unter der Optimierung dieses einen Tones der homogene Ausdruck der gesamten Passage leiden würde. Außerdem wären die Kosten eines Produktionsstopps extrem unverhältnismäßig gewesen. Ich war dafür bekannt, dass ich bewusst lieber kleine Fehler auf der CD ließ und mich dafür mit Künstlern anlegte, als den großen Atem der Musik durch eine punktuelle Optimierung zu zerstören. Wenn meine Künstler etwas Distanz gewonnen hatten, manchmal erst nach Jahren, waren sie ausnahmslos froh, dass ich mich so tapfer geweigert hatte, ihre großartige Darbietung zu »zerschneiden«.

Sie gehörten in den 1980er-Jahren den Münchner Philharmonikern unter Sergiu Celibidache an. Celibidache hat sich stets dagegen gewehrt, dass Konzertmitschnitte publiziert werden. Hing das mit einem bestimmten Perfektionsverständnis zusammen?
Es ging Celibidache nicht um Perfektion, sondern um Authentizität. Eine CD war für ihn schlicht eine Konserve. Das Liveerlebnis mit all seinen Hürden und Chancen lag ihm am Herzen, selbst wenn es nach üblichen Maßstäben nicht perfekt war. Er war der bis zu einem gewis-

sen Grad berechtigten Überzeugung, dass sich Musik allein in der Wechselwirkung von Raum und Zeit, auf Basis vorhandener Kriterien wie Akustik, Publikum, Atmosphäre, Tagesverfassung der Künstler authentisch entwickeln könne. Oft sagte er dem Orchester: »Lassen Sie Musik entstehen, aber bitte *wollen* Sie nicht zu viel, denn jegliches ›Zu-viel-Wollen‹ zerstört die natürliche Entwicklung.« Bei Celibidache musste sich die Musik organisch aus einem wahrhaftigen Augenblick heraus entwickeln. Deswegen fand er es befremdlich, dass sich jemand einfach nur die CD eines einzigartigen, nicht wiederholbaren Moments anhören wollte, ohne direkten Bezug zum schöpferischen Prozess.

Celibidaches Widerspruch bestand darin, dass er seinem Sohn alle Rechte an den Radioaufnahmen vermachte – fast jedes seiner Konzerte war von Rundfunkstationen mitgeschnitten worden. Unmittelbar nach Celibidaches Tod vermarktete sein Sohn sofort alle Aufnahmen. Celibidache war das natürlich von vornherein klar, denn er sagte mir einmal augenzwinkernd, als ich ihn als Produzent zu einer Liveproduktion überreden wollte: »Bis ich auf CD bin, müssen Sie sich leider noch ein wenig gedulden, Christian!« Somit kam ich zu der Ehre, einerseits neun Jahre unter ihm gespielt zu haben, und Jahre später als Produzent die Celibidache-Edition der Deutschen Grammophon veröffentlichen zu dürfen. Ich habe bei diesen Aufnahmen zwar nichts geschnitten, aber versucht, die alten Tonbänder wenigstens klanglich nach Celibidaches Intentionen, die mir als ehemaliger Musiker seines Orchesters bestens vertraut waren, subtil zu optimieren.

Ist das womöglich der Schlüssel zum Problem des Optimierens? Geht es nur subtil?
Subtilität ist eine Frage der Perspektive. Jeder, der in seinem Fachgebiet versiert und an Optimierungsprozessen beteiligt ist, wird Schwierigkeiten haben, Außenstehenden zu erläutern, mit welchen subtilen Details er sich monate- oder jahrelang beschäftigen muss. Ich habe einen Freund, der in der Motorenentwicklung eines Automobilherstellers

arbeitet und sich seit Jahren mit einem einzigen Bauteil beschäftigt, weil klar ist, dass dessen optimale Form den Benzinverbrauch um bis zu 0,2 Liter pro 100 Kilometer senken könnte. Subtiler geht's nicht! Als er mir seine Arbeit mit Leidenschaft schilderte, war ich sogleich fasziniert. Er hingegen war erleichtert, dass ich keine Witze darüber machte, denn er hatte sich an die Anspielungen seiner Freunde gewöhnt, die sich nicht vorstellen konnten, dass sein Arbeitsfeld alles andere als monoton und langweilig ist, sondern ein spannender und vielschichtiger Mikrokosmos, bedeutend in der Wirkung, subtil im Detail. Als Künstler, der stundenlang an einem Takt geübt hat, versteht man, was Feinschliff bedeutet.

Sie haben sich nicht nur als Musiker und Produzent einen Namen gemacht, sondern auch als Autor und Leiter von Workshops. Sie übertragen das Zusammenspiel von Musikern in einem Orchester auf das Zusammenspiel von Mitgliedern von Organisationen, etwa von Unternehmen. Was kann eine Organisation von einem Symphonieorchester lernen?

Den von mir in Deutschland etablierten Orchester-Unternehmen-Transfer entwickelte ich ganz logisch auf Basis meiner Doppelbiografie, nachdem ich einerseits als Dirigent internationaler Orchester, andererseits 14 Jahre lang als Führungskraft in der Musikindustrie tätig war. Was mich nach meinen Jahren in der Wirtschaft stets faszinierte, war die Frage, welche präzisen Mechanismen in einem Orchester wirken, damit am Ende weit über 100, gestatten Sie mir, exzentrische Diven, die zudem international rekrutiert wurden, eine so selbstverständliche Einheit bilden. Denn dieser heterogene und komplexe Orchesterapparat beweist tagtäglich, dass Profilierungsversuche Einzelner und Ressort-Egoismen überwunden werden können. Dabei hat ein Orchester nur drei Proben von zweieinhalb Stunden plus Generalprobe, bevor das Konzert live im Fernsehen oder Radio übertragen wird. Das hat mit der Hobbyebene eines Kirchenchores nichts zu tun. Hier geht es um Handwerk, Technik, Disziplin, um Perfektion unter größtem Druck, um Verantwortung und Selbstmotivation. Ein

Orchester ist eine Leistungsgesellschaft, das Feedback ist schonungslos. Das funktioniert nur, weil es im Orchester genau definierte Strukturen und Arbeitsabläufe gibt, die auch in Unternehmen überaus sinnvoll und zweckmäßig wären.

Obwohl das Publikum glaubt, ein homogenes Team auf der Bühne zu sehen, herrscht innerhalb des Orchesters keine ideologische Gleichmacherei, im Gegenteil: Die Verleugnung von individueller Kompetenz und sporadischer Dominanz wäre fatal. Alle Musiker arbeiten unentwegt hart daran, die zahlreichen Kompetenzen in einen stimmigen Gesamtkontext zu bringen, der alle weiterbringt. Das geht nicht ohne Reibung. Ein Orchester braucht auch Solisten, aber diese müssen erkennen, wann ihr Solo wieder vorbei ist, so schön es auch war. Das Bewusstsein entscheidet: Aus Solisten müssen Symphoniker werden. Vom Ich- zum Wirgefühl ist das Motto – trotz unterschiedlicher Interessen! Es geht um eine offene Kommunikationskultur, die nichts unter den Teppich kehrt, um Konfliktfähigkeit, um wechselseitige Unterstützung und Wertschätzung, um Führung, die überzeugen will und nicht einfach befiehlt. Ich denke, auch für Unternehmen gilt: Wenn Menschen ihre Zusammenarbeit optimieren, wird sich das in stimmigen Produkten widerspiegeln.

Die Semantik des Optimierens spielt in der Organisationsentwicklung eine große Rolle – gerade die Leitungsebenen in Unternehmen, in Universitäten, Verwaltungen usw. trachten nach der Optimierung von Abläufen. Wenn wir das Bild eines Orchesters noch einmal bemühen: Wird der Dirigent irgendwann überflüssig? Organisieren/optimieren sich Organisationen irgendwann selbst? Oder ist es schlicht ein Problem der Größe, wie Sie am Beispiel des Streichquartetts angedeutet haben, weshalb Führungsverantwortung wechselt?

Ein Kammerorchester bis zu einer gewissen Größe braucht keinen Dirigenten, zumindest keinen, der auf einem Podest steht, da alle untereinander ihre Zeichensprache aus den Augenwinkeln sehen und sie sich ohne Verzögerung in Echtzeit hören können. Dennoch wählt selbst ein solches Ensemble üblicherweise eine Führungskraft, die bei Entscheidungsprozessen das letzte Wort hat, damit die Proben nicht endlos dauern, sondern effizient durchgezogen werden können. In einem riesigen sinfonischen Orchesterapparat oder in der Oper geht es allein schon aufgrund der Größe nicht ohne Dirigenten, der die einzelnen Instrumentengruppen koordiniert und auf die Zuhörer ausrichtet. Übrigens ist die Sitzordnung in Orchestern nicht so fixiert, wie es den Eindruck hat, sie hängt in erster Linie von den akustischen Bedingungen in den jeweiligen Sälen ab. Manchmal stehen beispielsweise die Kontrabässe rechts hinten, dann wiederum eher in der Mitte, manchmal sogar ganz links. Leider erlebe ich bei meiner Arbeit in Unternehmen, dass das Thema Organisationsentwicklung oft am Reißbrett angepackt wird, weswegen das Ergebnis dann keine Optimierung des Arbeitsalltags ist und die Angestellten lange der Theorie hinterherhecheln. Da findet sich plötzlich eine Abteilung in einem anderen Stockwerk oder Gebäude wieder und muss nun via E-Mail kommunizieren, was unbedingt den direkten persönlichen Dialog benötigt hätte. Schemata, Theorien und eine attraktive Visualisierung dominieren manche Organigramme, die Optimierung von Inhalten und Aufgaben kommt dabei manchmal zu kurz. Auch hier könnte wohl gelten: Eher auf subtile Optimierungsprozesse setzen, als alles auf »neu«.

Gert Heidenreich
Der Beste
Eine Erzählung

Als Georg Darda eines Morgens aus einem unruhigen Traum erwachte, erhob er sich leicht wie lange nicht, stellte fest, dass die morgendlichen Gliederschmerzen ausblieben, lief ins Badzimmer und fand sich vor dem bodenlangen Spiegel zu einer schönen, fremden Gestalt verwandelt. Nach einigen Wendungen und Drehungen sah er sich ins Gesicht und flüsterte voller Bewunderung: »Perfekt!«

Er hatte seine engerlingbleiche, abgerundete Figur erwartet, der man die äußerliche und innerliche Nachgiebigkeit ansah, und fand stattdessen einen Mann mit ländlich gebräuntem Teint vor, dem er zugetraut hätte, einen Sklavenaufstand zu führen. Heldische Proportionen, virile Muskelwölbungen, kein überschüssiges Unterhautfettgewebe, straffe Haltung, unübersehbar ein gewisser Stolz in den Schultern: All dies war er von seinem Ebenbild nicht gewohnt, schon gar nicht nach dem Aufstehen.

Auch sein Gesicht ließ die gewohnte nächtliche Erschlaffung und Müdigkeit nach dem kurzen Schlaf in der Augusthitze vermissen: Die Augen blickten wach, hatten anstelle ihres grünlichen Graus ein leuchtendes Blau angenommen und wurden nicht mehr von den Oberlidern überfallen. Sein dunkelbraunes Haar, sonst von Nachtschweiß verklebt, stand in mutiger Frisur über der Stirn. Eigentlich hätte Georg erschrecken müssen, denn zweifellos war etwas mit ihm geschehen, das vollkommen unbegreiflich, wenn auch angenehm war. Doch alles, was er empfand, war Verwunderung.

Er schüttelte den Kopf, und sein Gegenüber tat dasselbe, schien sich also mit ihm einig zu sein, dass die Wirklichkeit sich verschoben hatte und an jenem Morgen ein, wenn auch schmeichelhafter, Wahrheitsverlust eingetreten war. Georg verdächtigte sich sogleich, seinen erotischen Traum in einen weiteren fortgesetzt zu haben, in welchem er sich aus dem Bett erhoben hatte und ins Badezimmer gegangen war. Er schloss die Augen und öffnete sie wieder. Der schöne Mann stand nach wie vor im Spiegel.

Langsam hob er den rechten Arm, winkelte ihn über den Kopf und berührte mit der Hand sein linkes Ohr. Er hätte nicht begründen können, warum er diese Geste für eine taugliche Prüfung der Realität hielt. Als er seine Ohrmuschel zwischen den Fingerspitzen hielt, fühlte sie sich fremd an; der sonderbar geformte, gummiartige und kühle Körperteil schien einem anderen Menschen zu gehören, was aber daran liegen konnte, dass er sein linkes Ohr noch nie mit der rechten Hand von oben her angefasst hatte.

Er nahm den Arm herunter und ließ seinen Blick über den Körper im Spiegel laufen, vom Kopf zu den Füßen, wieder hinauf, und so einige Male, und meinte am Ende der Selbstbeschau, dass er an Länge insgesamt ebenso gewonnen hatte wie an Wohlgestalt. Er hatte unter seiner geringen Körpergröße, mit Schuhen maß er einseinundsiebzig, nicht gelitten, doch nun sah er sich um etliche Zentimeter gestreckt, wollte sofort Maß nehmen, rannte in sein Zimmer zurück und kramte in der untersten Schublade seines Schreibtischs, wo sich noch Reste der Schulzeit erhalten hatten, nach dem rechtwinkligen Zeichendreieck aus blindem Plexiglas, lief damit wieder ins Bad, stellte sich aufrecht an den Türrahmen und hob sich das Instrument über den Kopf, einen Schenkel am Holz, den anderen auf seinem Schädeldach. Es war nicht einfach, unter dem rechten Winkel wegzutauchen, sich zu drehen und das Dreieck zugleich an seiner Stelle am Türrahmen festzuhalten. Mehrfach verrutschte es, er musste neu beginnen. Als es endlich fixiert war, bemerkte er, dass er vergessen hatte, einen Bleistift in die andere Hand zu nehmen, und behalf sich mit dem Daumennagel, mit dem er eine kleine Markierung in die Lackoberfläche drückte und sie dann mit der Spitze des Zeichendreiecks nachritzte.

Er hörte, dass sich die Tür des anderen Schlafzimmers öffnete, hatte plötzlich das Bedürfnis, seinen neuen Körper zu verbergen, und verschloss das Bad. Seine Schwester Margarete, wegen der in der Familie bevorzugten Einsilbigkeit *Mäg* genannt, würde wie an jedem Tag zuerst die Toilette am anderen Ende des Flurs aufsuchen, dann in die Küche gehen, um sich einen Kamillentee zu machen. Ihm blieben noch ein paar Minuten. An diesem Morgen hatte sich Margarete aber anders entschieden und klopfte an die Tür.

Er rührte sich nicht.

»Greg? Brauchst du noch lang? Ich muss früher weg! Beeil dich!«

Erleichtert hörte er sie davonschlurfen und wurde sich im selben Augenblick bewusst, dass er in der Schwüle der Hundstage ohne Pyjama geschlafen und auch seinen Morgenmantel nicht übergeworfen hatte. Jetzt konnte nur ein Handtuch seinen in jeder Hinsicht gebesserten Unterleib verhüllen.

Margarete klopfte. »Alles okay, Greg? Bitte beeil dich!«

»Gleich, Mäg, gleich, ich mach dir das Bad gleich frei!«

Keine Schritte; sie schien vor der Tür zu warten. Zögerlich schloss er auf und sah seine Schwester in ihrem moosgrünen Nachthemd vor sich stehen. Margarete war drei Jahre älter als er, achtundvierzig, einen Kopf größer, füllig und etwas nachlässig mit sich selbst. Seit sie beide sich entschlossen hatten, nach dem Tod der Eltern in der alten Familienwohnung zu bleiben, führte sie Georg den Haushalt, blieb ledig wie er und erhielt monatlich die Hälfte seines geringen Gehalts zur Deckung der laufenden Kosten. Im Haushalt war er nur zuständig für den Austausch von Wasserhahndichtungen, für das Ölen von Schlössern und die chemische Beseitigung von Ungeziefer.

Mit der bauchigen Tasse Kamillentee in der Hand stand Margarete vor ihm, die aschblonden Haare umhingen ihr Gesicht, sie nickte und wollte an ihm vorbei das Bad betreten, als sie sich plötzlich straffte und ihre vom Schlaf verklebten Augen weit öffnete. Er wollte ihre Verblüffung nicht abwarten, da er auf eine Frage keine erklärende Antwort gehabt hätte, drängte sich an ihr vorbei, spürte im Nacken, wie sie ihm nachsah, betrat sein Zimmer, schlug die Tür zu, lehnte sich mit dem Rücken daran und versuchte, ruhig zu atmen. Sein Herz schien gegen das Holz zu schlagen. Er hatte das Gefühl, ein Verbrechen begangen zu haben.

Als Georg Darda an dem Morgen seiner Verwandlung in sein Zimmer flüchtete, war er seelisch noch nicht auf der Höhe seiner äußeren Erscheinung. Sein Leben hatte sich irgendwann in einer müden Durchschnittlichkeit verfestigt, die er als gegeben ansah. In der Krankenversicherung, wo er die Erstattungsanträge der Versicherten von E bis H bearbeitete, galt er als sorgfältig, zuverlässig und gefügig. Seine Abteilungsleiterin, der unter Kolleginnen nachgesagt wurde, jeden Mann ihrer Sektion für ein paar Wochen näher gekannt zu haben und für einen starken Wechsel der maskulinen Mitarbeiter zu sorgen, hatte an ihm keinerlei Interesse bekundet. Das entsprach Georgs Selbsteinschätzung. Er fand nichts an sich, was er als anziehend bezeichnet hätte, und war, als sich seine Metamorphose ereignete, in jener Art Lebensgleichgültigkeit angekommen, die nichts mehr erwartet als einen späten Tod.

Margarete stand an der anderen Seite seiner Zimmertür und klopfte leise an.

»Greg? Georg? Alles in Ordnung? Bist du krank? Musst du nicht zur Arbeit?«

Es war die Art seiner Schwester, mehrere Fragen aneinanderzureihen, ohne Zwischenantworten abzuwarten. Seit Langem hatte er sich entschieden, jeweils nur auf die letzte zu reagieren. Er sagte durch die Tür: »Ich muss nicht zur Arbeit.«

»Warum nicht? Bist du krank?«

Sie arbeitete ihre Fragenketten gern rückwärts auf.

»Nein, keine Sorge, geh du ruhig, ich bin nicht krank.«

»Aber irgendetwas ist nicht in Ordnung, oder?«

»Alles in Ordnung, Mäg, wirklich, ich muss nur nicht zur Arbeit und lege mich noch etwas hin.«

»Ja, leg dich hin. Ich stell dir das Frühstück auf den Tisch. Ruh dich aus. Wenn du nicht zur Arbeit musst. Dann ist ja alles in Ordnung. Und krank bist du ja nicht. Oder?«

»Es geht mir gut.«

Das war eine Lüge. Sein Atem ging flach und schnell, sein Herz raste noch immer. Im Zimmer konnte er sich endlich den Morgenmantel überziehen und tat das so hastig, als müsse er sich vor der eigenen Phantasie verhüllen. Er hockte sich aufs Bett und begann trotz der Hitze zu frieren. Er wartete. Wieder klopfte Margarete.

»Ich geh jetzt. Schläfst du?«

Um sie zu überzeugen, antwortete er nicht und hörte kurz darauf die Wohnungstür ins Schloss fallen.

Er horchte in sich hinein: Sein Angstpuls ging langsam zurück. Was war eigentlich geschehen? Georg versuchte, seine Gedanken zu sammeln. Selbstverständlich glaubte er nicht an Magie und Wunder, obwohl die Vermutung, in der Nacht sei eine gütige Fee in sein Zimmer geschwebt und habe ihn mit ihrem Zauberstab berührt, ebenso einleuchtend und ebenso verrückt war wie jede andere. Wenn etwas unerklärlich ist, ist es eben unerklärlich, sagte er sich. Er selbst konnte sich, zumal er von der Verwandlung profitierte, damit abfinden. Das Problem waren die anderen: Sie verlangten nach Erklärungen. Konnte er keine plausiblen Gründe für seine neue Erscheinung liefern, würde man ihn für einen Lügner halten, einen Sektierer, vielleicht Schlimmeres – ihm wurde klar, dass er vor dreihundert Jahren vermutlich verbrannt worden wäre.

Ahnte er an diesem ersten Morgen seiner neuen Existenz schon, wie leicht sich die eigene Vergangenheit vergessen ließ, wenn sie unangenehm war?

»Ich träume nicht«, sagte er laut, »die Wirklichkeit ist messbar.«

Als er am Rahmen der Badezimmertür die Markierung mit einem Meterstab nachmaß, bestätigte sich seine Vermutung: Georg Darda war in der Nacht um sieben Zentimeter gewachsen und nun ohne Schuhe einssechsundsiebzig groß.

Gleich darauf stellte er fest, dass ihm seine Unterhose um die Hüften zu weit, das Hemd dagegen um die Schultern zu eng geworden war.

Während er das von Margarete bereitgestellte Frühstück einnahm, fiel ihm auf, wie alt und abgestoßen das Gedeck, wie billig Messer und Müslilöffel, ja, wie unansehnlich der ganze Tisch war. Teeränder auf dem Wachstuch. Vom Fensterrahmen blätterte der Lack. Er blickte in den asphaltierten Hinterhof des Mietshauses hinab, wo sich ein Kind auf einem roten Plastikpferd mit vier gelben Rädchen mühsam voranstieß, die Müllcontainer überquollen und zwischen Hintertür und Garagen eine Trostlosigkeit lag, die auch seine Kindheit dort unten bedrückt hatte. Georg war aus dem Grau jener Jahre nicht herausgekommen, sah man von den zwei Versuchen ab, sich mit einer Frau zu verbinden. Er nannte das in seiner Erinnerung noch immer *meine zwei unglücklichen Verlobungen.*

Statt des zu erwartenden Selbstmitleids packte ihn eine ungekannte Wut. Er blickte in der seit Jahrzehnten nicht renovierten, fettigen Küche umher und schlug mit der Faust auf den Tisch. Tasse und Teller hüpften, und eine große Kakerlake, die sich fast bis zur Mitte des hellbraunen Linoleumbodens vorgewagt hatte, flitzte unter den Gasherd.

Georg stand auf, um den Giftspray zu holen, als das Telefon klingelte. Seine Abteilungsleiterin erkundigte sich, warum er nicht zur Arbeit erschienen war.

Ihr überraschendes Interesse verschlug ihm die Sprache, er stotterte etwas von Fieber.

»Fieber? Sie Ärmster, natürlich eine Sommergrippe, kein Wunder, draußen die Hitze und bei uns im Büro die Eiseskälte, ich sage immer, Airconditioning macht den Menschen krank, haben Sie denn etwas dagegen eingenommen?«

Ihre Stimme, die er aus schroffen Anweisungen kannte, klang anteilnehmend und verleitete ihn zur Wahrheit.

»Nein, bisher nicht, es wird schon gehen.«

»Geben Sie ruhig zu, Sie haben nichts im Haus, Darda. Ich bin in der Nähe, muss ein paar Besorgungen machen, ich bringe Ihnen Aspirin und Nasentropfen, keine Widerrede, Sie wohnen doch in der Kallmereier fünf, richtig?«

Konnte es sein, dass seine neue Attraktivität in die Ferne wirkte?

»Ja, das heißt, nein, ich brauche wirklich nichts, machen Sie sich bitte keine Mühe, Frau Klatt!«

Sie hatte ihr Telefon bereits ausgeschaltet.

Er musste sich anziehen. Nein, wenn sie ihm die Krankheit glauben sollte, war der Morgenmantel besser. Etwas unter die Achseln sprühen? Andererseits gehörte auch sein Schweiß zum Fieber. Er würde ihr die Wohnungstür nur einen Spalt öffnen, die Medikamente entgegennehmen und ihr danken, den Kopf gesenkt halten, etwas in die Knie gehen, damit seine neue Größe nicht auffiel, und die Tür wieder schließen wie einer, dem die Wohltat seiner Vorgesetzten peinlich war.

Als Sylvia Klatt klingelte, misslang ihm, was er sich vorgenommen hatte. Sie grüßte ihn, trat zugleich ein und lief, die Apothekentüte wie eine Laterne am ausgestreckten Arm vor sich haltend, durch den Flur in die Küche, immerfort redend und sich den Schweiß von der Stirn wischend, legte die Medikamente auf den Tisch und setzte sich.

»Darda, ich sagen Ihnen, das Klima spielt total verrückt, bei dieser Hitze herauf in den dritten Stock, das bringt das Blut in Wallung, wie geht es Ihnen, na? Sagen Sie's ruhig, wir sind ja schließlich beide bei der Krankenversicherung!«

Sie setzte zum Lachen über den eigenen Scherz an, stockte mit offenem Mund und betrachtete Georg, der ratlos vor ihr stand.

»Na Darda! Krank sehen Sie allerdings nicht aus! Mein Gott, ist mir heiß, Sie erlauben doch?«

Sie zog ihre weiße Leinenjacke aus und hielt sie ihm entgegen. Er hing sie sorgfältig über die Lehne des zweiten Stuhls, während Frau Klatt ihre Bluse um zwei weitere Knöpfe öffnete und registrierte, dass sein Blick sich in ihrem nassen Dekolleté verfing.

»Haben Sie ein Wasser für mich, normal, ganz normal, aus der Leitung, das reicht.«

Seine Hand zitterte, als er das Wasser ins Spülbecken laufen ließ, bis es kühl wurde. Er spürte ihre Blicke in seinem Rücken. Sylvia Klatt trank das Glas auf eine Weise aus, die er als gierig empfand, und er bot sich an, ihr ein zweites zu bringen.

»Nein, danke, man schwitzt ja sowieso alles nur wieder raus!«

Sie schwieg und taxierte ihn, der wehrlos dastand, den Gürtel seines Morgenmantels umklammerte und seinen Blick nicht vom Blusenausschnitt und von den unter dem dünnen Rock erkennbaren Oberschenkeln seiner Vorgesetzten lösen konnte. Frau Klatt saß entspannt und breitbeinig auf dem Küchenstuhl.

»Weiß Gott, Darda, krank sieht anders aus. Sie sind ja ein Bild von einem Mann!«

Später hätte er nicht sagen können, wer zuerst dazu bereit gewesen war. Nur, dass er in jenem Augenblick einen drängenden Wunsch nach nackter Haut verspürte, und dass Sylvia Klatt ihn offenbar verstand, noch einen Blusenknopf öffnete und ohne etwas zu sagen auf ihn zukam, um seine Hände vom Gürtel zu lösen.

An ihren leisen Satz, später aus tiefer Erschöpfung gesprochen, erinnerte er sich gern: »So was hab ich ja noch nie erlebt, und ich hab viel erlebt, wirklich, aber so einen wie dich noch nie, du bist der Beste, Darda, der Beste.«

Dass er der Beste sei, auf irgendeinem Gebiet, hatte Georg noch nie gehört. Sylvia Klatt wiederholte ihr Lob auch nicht jedes Mal, wenn sie ihn bemühte. Das erste Mal hatte aber genügt, um in seinem Kopf eine Fessel zu sprengen, die irgendwann in seiner Jugend um sein Selbstbewusstsein gelegt worden war. Von nun an traute er sich jeden Sieg zu.

Seine Kollegen wunderten sich weniger, als er befürchtet hatte, sie bastelten sich ihre Erklärungen selbst. Männer raunten ihm zu: »Dass du das Geld hast, dich coachen zu lassen!« oder: »Die hohen Absätze sieht man kaum, Maßschuhe, was?«

Frauen lenkten ihr Augenmerk mehr auf seinen Gesichtsausdruck und die neue Heiterkeit seines Wesens:»Deinen Therapeuten musst du mir empfehlen, oder ist es eine Therapeutin?«Seine Zimmerkollegin Anna, Erstattungsanträge I bis M, bestärkte ihn:»Ich finde es ja gut, dass immer mehr Männer was für ihre Schönheit tun, mein Mann hat sich auch die Augenlider heben lassen, der ist um Jahre jünger!« Sie verstieg sich dazu, ihm eines Mittags in der Kantine voller Übermut einen Apfel zuzuwerfen, den er auffing, betrachtete, dann kräftig hineinbiss, worauf Anna tief Atem holte. Zwar zeigte Sylvia Klatt unverhohlen, dass ihr nicht nur die Abteilungsleitung oblag, sondern auch der Angestellte Darda; doch Georg spürte, wie von Tag zu Tag ihre Macht über ihn abnahm und seine Macht über sie wuchs. Er ließ sie gelegentlich warten, verschob die Treffen bei ihr zu Hause, blieb fern, ohne Bescheid zu geben, flirtete vor ihren Augen mit ihrer Sekretärin und sah mit einer gewissen Befriedigung, dass Sylvia die Qualen hinnahm, die er ihr in ansteigender Dosierung zumutete. Schließlich wusste sie sich nicht anders zu helfen, als auf ihre höhere Stellung zu vertrauen und ihm mit Entlassung zu drohen, worauf er leichthin antwortete:»Anders kommt es: Ich entlasse dich.«

Sie ahnte nichts von seinem Verhältnis mit der Frau eines der Verwaltungsdirektoren, die Anfang fünfzig war und ihn ebenfalls»Mein Bester« nannte. Ihr Mann war so klug, Georg zwei Etagen höherzuloben und ihm eine Bezirksdirektion im Bereich der Neuverträge anzuvertrauen, mit der Bedingung, sich nicht mehr der aufgeblühten Gattin zu widmen. Georg fand das Geschäft nicht nur einträglich, sondern auch reizvoll genug, es ein halbes Jahr später mit der Ehefrau eines Aufsichtsratsmitgliedes zu wiederholen. Dumpf erinnerte er sich daran, ein solches Verhalten in seinem früheren Leben als ungehörig, wenn nicht schändlich erachtet zu haben, konnte aber kein Schamgefühl in sich entdecken, das zu diesen abgelegten Bedenken gepasst hätte. Überhaupt begann sein Leben vor der Verwandlung undeutlich zu werden, manchmal schien ihm, als könne er sich ganzer Jahre nicht mehr erinnern, in denen nicht nur Namen, auch Landschaften und

Gesichter gelöscht waren; in anderen blieben nur bestimme Ereignisse deutlich, der Tod der Mutter, der des Vaters, während der Rest ausblich wie blaues Papier an der Sonne.

Den Abschied von seiner Schwester hatte er lange hinausgeschoben.

»Ich ziehe morgen aus.«

Es war ein Sonntagsfrühstück, und Margarete hatte sich Mühe gegeben. Sie legte ihren Toast, den sie zum Mund führen wollte, auf den Teller zurück.

»Was?«

»Aus, ich ziehe aus, morgen.«

Sie lehnte sich in den Stuhl zurück und schwieg. Er sah sie nicht an. Nur ein Mal hatte sie ihn nach dem Grund seiner Verwandlung gefragt und zur Antwort bekommen: »Ich bin eben ein Spätentwickler.« Seither verbat er sich jede weitere Frage, und sie fügte sich, aus Angst, er könne sie verlassen. An jenem Sonntagmorgen setzte sie seinem angekündigten Auszug den Vorwurf entgegen: »Jetzt, wo es dir gut geht.«

Er versuchte nicht, sich zu verteidigen. Seine Aufmerksamkeit wurde von einer dunkelbraunen, fast daumengroßen Kakerlake gefesselt, die sich unter dem Gasherd hervorschob und langsam auf den Küchentisch zulief. Margarete hatte sie nicht bemerkt. Er fragte sich, ob es dasselbe Tier war, das er vor Wochen durch seinen Faustschlag auf den Tisch vertrieben hatte, und, wenn ja, wovon es unter dem Herd lebte.

»Die ganzen Jahre«, flüsterte Margarete, »wir hatten doch eine gute Zeit.«

»Ja«, sagte er. »Aber du bist mir nicht mehr zuträglich.«

»Zuträglich?«

»Ja. Nicht mehr zuträglich, du verstehst schon richtig. Im Übrigen zahle ich weiter, du hast einen Esser weniger, es wird dir ohne mich besser gehen, Mäg, und einmal muss es ja sowieso sein, wir können nicht unser ganzes Leben hier Brüderlein und Schwesterlein spielen. So.«

»Ich darf ja nicht fragen.«

»Ja«, sagte er und stand vorsichtig auf. »Und das hier tu ich noch für dich!« Mit einem kurzen Sprung landete er auf der Kakerlake und zerquetschte sie unter seinem Schuh. Ihr Tod wurde von einem knackenden und schmatzenden Geräusch begleitet. Er hüpfte auf einem Bein zum Tisch, nahm ein Messer, kratzte sich den braunen Schleim von der Schuhsohle und legte das Messer auf den Frühstücksteller zurück. Margarete starrte auf den Boden, wo in einem Fleck aus gelben und schwarzen Säften die Flügeldecken und der Kopf der Kakerlake mit den Fühlern klebten.

»Du machst das dann bitte weg«, sagte Georg, lief aus der Küche in sein Zimmer und verschloss hinter sich die Tür. Er warf sich aufs Bett, verschränkte die Arme unter dem Kopf, starrte an die Decke und erwartete, dass er weinen würde. Seine Schwester tat ihm leid, er hatte sie gedemütigt, er wusste, dass er ihr Schmerzen bereitete, jetzt war es für einen Bruder das Natürlichste von der Welt, zu weinen. Stattdessen wurde er von einem Lachanfall gepackt. Er erschrak, warf sich herum und lachte ins Kissen. Wenigstens sollte sie ihn nicht hören.

Die Welt, in die Georg Darda aufstieg, war von Superlativen geprägt, und so konnte nicht ausbleiben, dass man hinter seinen erstaunlichen Karrieresprüngen nicht nur außergewöhnliche, sondern unübertreffliche Fähigkeiten vermutete. Er rückte, für ihn selbst nicht überraschend, in Positionen auf, in denen hoch qualifizierte Mitarbeiter zu seinen Erfolgen beitrugen. Sie rechtfertigten seinen Ruf als Held des Versicherungswesens. Schließlich berief man ihn in die Konzernspitze, und von nun an fuhr er auf dem Karussell mit, dessen weiße Pferdchen ihre Reiter von einem Aufsichtsratsposten zum nächsten tragen.

Die Summe seiner Einkünfte und Prämien überstieg bei Weitem jenen Betrag, den er selbst bei angestrengtester Bemühung um ein luxuriöses Leben verbrauchen konnte. Die Villa, die er im Parkviertel der Stadt erworben und bezogen hatte, schien mehr von den Dienstboten als von ihm selbst genutzt zu werden. An den zwei Edellimousinen und dem italienischen Sportwagen fand der Chauffeur mehr Gefallen als der Besitzer.

Darda hatte Geschmack und lebte, so gut er nur konnte, nach dem Prinzip, dass für den Besten das Beste gerade gut genug war. Allerdings erwies es sich als unerwartet schwierig, herauszufinden, was das Beste war. Gegenstände waren vergleichsweise leicht zu qualifizieren, Georg orientierte sich an entsprechenden Journalen des Luxus. Doch seine Versuche, in einem Internetportal für Eheanbahnung die beste Frau für sich zu finden, scheiterten daran, dass hinter einem Angebot, für das er sich gern entschieden hätte, stets ein noch besseres verborgen sein konnte.

Sein Vermögen bereitete ihm schlaflose Nächte, weil er nicht sicher war, es auf die beste aller möglichen Weisen angelegt zu haben. Dabei ging es ihm nicht um die Vermehrung des Geldes, das er nicht brauchte, sondern ausschließlich um die richtige Wahl, das Optimum, das Nonplusultra.

Manchmal dachte er daran, dass ihn früher schon winzige Verbesserungen seines Alltags glücklich machen konnten.

Er sehnte sich nicht in die graue Zeit zurück, spürte aber, dass seinem gegenwärtigen Leben noch die letztgültige Bestätigung fehlte, das beste zu sein.

Eines Tages musste sein Chauffeur wegen einiger Baustellen andere Wege als üblich zum Versicherungsgebäude nehmen, und plötzlich erkannte Georg an der vertrauten Trostlosigkeit der Hausfassaden, dass er durch die Kallmereierstraße fuhr.

Er ließ den Wagen vor der Nummer fünf halten, stieg aus und studierte die Klingelschilder. Im dritten Stock, linke Spalte, stand noch immer *M. & G. Darda.* Das &-Zeichen zwischen ihren abgekürzten Vornamen fand er unpassend, erinnerte sich jedoch, dass Mäg und er es damals gewählt hatten, um etwas Geschäftsmäßiges vorzutäuschen.

Sie wohnte also noch immer hier. Er überwies ihr monatlich dieselbe Summe wie in den Jahren vor seiner Verwandlung, damals die

Hälfte seines Gehalts, heute ein Betrag, den er für ein Abendessen hinlegte.

Es reizte ihn zu klingeln, Mäg war vermutlich in der Arbeit, und er konnte ohne Gefahr, ihr zu begegnen, noch einmal den Klingelknopf unter der Fingerkuppe spüren, dieses Gefühl, das er kannte, seit er groß genug gewesen war, hier auf den Zehenspitzen stehend und mit ausgestrecktem Arm den unteren Rand des Knopfs zu erreichen. Seltsamerweise hatte sich die Erinnerung daran erhalten. Er hob die Hand zu dem Namensschild. Und wenn Mäg doch zu Hause war? Krank? Würde er ihren Anblick und ihren Geruch ertragen? Wahrscheinlich hatte sie sich seit seinem Auszug noch mehr vernachlässigt. Was sollte er ihr sagen? Gewiss würde sie sich schämen, ihm gegenüberzutreten. Das wollte er ihr nicht antun.

Er trat aus dem Hauseingang zurück und sah an der Fassade hoch. Die Fenster waren irgendwann erneuert worden.

Sein Fahrer stand neben der hinteren Tür und öffnete sie für ihn.

Als Georg Darda sein Personal mit der Begründung entließ, sie seien ihm allesamt »nicht zuträglich« und er werde sich nach den Besten ihrer Art umtun, nahm sein Leben die entscheidende Wendung: Er befürchtete, dass nichts in der Welt für ihn je gut genug sein würde.

Es kam nun vor, dass er im teuersten Restaurant der Stadt nachdenklich vor seinem Teller mit den edelsten Kreationen der Küche saß und nach einer Weile ein paar Geldscheine neben das Besteck legte, aufstand, kommentarlos hinausging und den Rest des Tages darüber nachdachte, in welcher Stadt sich wohl jenes einzige Restaurant finden ließe, das wahrhaft unübertrefflich und seiner würdig war.

Bald gönnte er den Konzernen seine kostbare Anwesenheit nicht mehr und räumte bei entsprechenden Abfindungen seine Posten.

Auf seinen langen Spaziergängen im Stadtpark erwies die Natur sich ihm als Ansammlung von Unzulänglichkeiten, die er entschieden missbilligte.

Als er an einem sonnigen Vormittag mitten auf der Hauptstraße stehen blieb, unentschieden, ob ein Schritt nach vorn oder einer zurück der jeweils bessere sei, erfasste ihn ein zu schnell fahrender Zementmischer, überrollte ihn mit sämtlichen Achsen und ließ ihn in einem nicht anders als ekelerregend zu nennenden Zustand auf dem Pflaster zurück.

Man hatte Mühe, in ihm noch Georg Darda zu erkennen.

Die Autoren

Thorsten Baensch, geb. 1964, ist Künstler und Verleger. Er ist Gründer des Verlags Bartleby & Co. Seine Bücher sind Kunstwerke und befinden sich weltweit in vielen Privatsammlungen, Bibliotheken und Museen (zum Beispiel Museum of Modern Art, New York).

Jens Bisky, geb. 1966, ist Redakteur im Feuilleton der Süddeutschen Zeitung. 2011 erschien *Unser König. Friedrich der Große und seine Zeit. Ein Lesebuch.*

Peter Felixberger, geb. 1960, studierte Politische Wissenschaften und Soziologie in München. Er ist Programmdirektor des Murmann Verlages, Publizist und Medienentwickler. Aktuelles Buchprojekt: *Wie gerecht ist die Gerechtigkeit?*

Christian Gansch, geb. 1960, war weltweit als Dirigent erfolgreich (produzierte 190 CDs, für die er viermal den Grammy Award gewann). Heute nutzt er als Coach die orchestralen Prozesse und Strukturen als Metaphern für Unternehmen (www.gansch.de).

Lydia Rea Hartl, geb. 1955, Prof. Dr. med. Dr. phil. Dr. h.c., von 2001 bis 2007 Kulturreferentin der Stadt München, ist als internationale Beraterin tätig. Sie forscht und publiziert zu Kulturwissenschaften, Multimedialität, Transkulturalität und Life Sciences.

Gert Heidenreich, geb. 1944, ist Schriftsteller und Sprecher; zuletzt verfasste er mit Edgar Reitz das Drehbuch für dessen Film *Die andere Heimat* (im Kino 2013) und publizierte den Kriminalroman *Mein ist der Tod.*

Sabine Maasen, geb. 1960, ist Professorin für Wissenschaftsforschung/Wissenschaftssoziologie an der Universität Basel. Aktuelles Buchprojekt: *Das Gehirn und seine Gesellschaft.*

Jörn Müller-Quade, geb. 1967, ist Professor für Kryptografie und Sicherheit am Karlsruher Institut für Technologie. Außerdem ist er Direktor am Forschungszentrum Informatik, ebenfalls in Karlsruhe.

Armin Nassehi, geb. 1960, ist Professor für Soziologie an der Ludwig-Maximilians-Universität München. Zuletzt erschien *Gesellschaft der Gegenwarten. Studien zur Theorie der modernen Gesellschaft II.*

Niels Pfläging, geb. 1971, ist Unternehmensberater und Gründer des BetaCodex Network, einer internationalen Open-Source-Vereinigung. Zuletzt erschien *Die 12 neuen Gesetze der Führung. Der Kodex: Warum Management verzichtbar ist.*

Birger P. Priddat, geb. 1950, ist Inhaber des Lehrstuhls für Politische Ökonomie in der Wirtschaftsfakultät an der privaten Universität Witten/Herdecke. Zuletzt erschien *Akteure, Verträge, Netzwerke. Der kooperative Modus der Ökonomie.*

Ingo Rechenberg, geb. 1934, ist Professor für Bionik an der Technischen Universität Berlin, derzeit kommissarischer Leiter des Lehrstuhls für Bionik und Evolutionstechnik. Er gilt als Erfinder der Evolutionsstrategie zur Optimierung technischer Systeme.

Irmhild Saake, geb. 1965, ist akademische Oberrätin an der Ludwig-Maximilians-Universität München. Zuletzt erschien *Moderne Mythen der Medizin. Probleme der organisierten Medizin* (zusammen mit Werner Vogd).

James Shikwati, geb. 1970, ist Ökonom und Gründungsdirektor des kenianischen Inter Region Economic Network (IREN). Er ist Gründer des Online-Magazins *African Executive.*